KB270354

성철 스님이 남기고 간 유언

진불(眞佛)과 가불(假佛)의 진실과 허구

글 | 도암(道岩)

진리의샘터 **의증서원**

목 차

오늘날 살아 계신 부처님(생불)은 진정 없는 것일까요? 아니면 부처님은 지금도 살아 계신데 혜안(慧眼)이 없어서 보지 못하고 있는 것일까요? 저는 지금까지 사찰(寺刹)이나 법당(法堂) 안에 모셔 놓은 불상(佛像)들을 모두 부처님(生佛)으로 믿고 공경(恭敬)하면서 신행생활을 해 왔습니다. 왜냐하면 불자들은 물론 스님들이나 진리를 깨달았다는 큰 스님들도 각종 불상(各種 佛像)들을 살아 계신 부처님과 같이 극진(極盡)히 모시면서 불상(佛像)에게 절을 올리며 예불(禮佛)을 드리고 있기 때문입니다.

그런데 저는 어느 날 각종 불상(佛像)들은 살아 있는 부처님(生佛)이 아니라 스님들이 석공(石工)이나 조각가(彫刻家)들에게 주문(注文) 제작(製作)을 하여 만들어 놓은 조각품(彫刻品)이라는 것을 깨닫게 된 것입니다. 왜냐하면 저는 물론 불자들이 날마다 불상(佛像) 앞에서 수십 번 혹은 수백 번씩 절을 하고 공양(供養)을 올리고 기도를 드려도 불상(佛像)은 아무런 가르침이나 대답이 없는 것은 물론 외눈하나 깜짝이지 못하기 때문입니다. 그런데 스님들과 불자들은 이렇게 사람들이 만들어 놓은 불상(佛像)들을 살아 계신 부처님처럼 믿고 섬기면서 공양(供養)을 올리고 있으며 스님들은 정성을 다해 예불(禮佛)을 드리고 있는 것입니다.

저는 이렇게 사람들이 만들어 놓은 불상(佛像)을 부처님처럼 섬기고 있는 외식적인 스님들과 불자들을 이해할 수가 없었습니다. 저는 그때부터 오늘날 살아 계신 부처님(생불) 곧 진리를 깨달아 성불(成佛)하신 부처님을 찾아보려고 이곳저곳을 방황(彷徨)하며 찾아 다녔습니다. 그런데 진리를 깨달아 성불(成佛)한 부처님은 그 어느 곳에도 없었습니다. 그래서 저는 혹시 생불(生佛) 곧 석가모니 부처님과 같이 진리를 깨달은 부처님이 기록해 놓은 저서(著書)는 있을까? 하여 불교서점을 돌아보았지만 서점에서도 생불(生佛)이 기록한 말씀은 찾을 수가 없었습니다.

왜냐하면 오늘날 살아 계신 생불(生佛)이 계시다면 스님들이 사찰(寺刹) 안에 불상(佛象)을 모셔 놓을 필요가 없는 것은 물론 불상(佛像) 자체를 만들지도 않았기 때문입니다. 문제는 우리나라뿐만 아니라 세계 어느 나라를 가 보아도 사찰(寺刹) 안에 불상(佛像)을 모셔 놓지 않은 절이 없다는 것입니다. 이것은 오늘날 사찰(寺刹)이나 불교 안에는 생불(生佛)이 없다는 것을 말해 주고 있는 것입니다. 그런데 만일 오늘날 생불(生佛)이 존재하지 않는다면 불자들이 해탈(解脫)이나 성불(成佛)을 할 수 없는 것은 물론 제도(濟度:구원)조차 받을 수가 없다는 것입니다.

때문에 저는 살아 계신 부처님 곧 생불(生佛)이 그 어디엔가 반드시 계실 것이라는 확신을 가지고 지속적으로 생불(生佛)을 찾아다닌 것입니다. 왜냐하면 석가모니 부처님께서 반야심경(般若心經)을 통해서 부처님은 삼세제불(三世諸佛)로 삼세(三世) 곧 전세(前世)나 현세(現世)나 내세(來世)에도 항상 계시다고 말씀하기 때문입니다. 그런데 지성(至誠)이면 감천(感天)이라는 말과 같이 부처님의 가피(加被)로 오늘날 진리를 깨달은 부처님 곧 생불(生佛)을 친견(親見)하게 된 것입니다. 제가 우연히 만난 부처님은 외모는 평범한 중생의 모습이었지만 그 입에서 나오는 말씀들은 감로수(甘露水)와 같은 생명의 말씀이며 모두 진리의 말씀이었습니다. 이렇게 오늘날 살아 계신 부처님을 만난다는 것은 기적(奇跡)과 같이 불가사의(不可思議)한 일입니다.

왜냐하면 스님들이나 불자들은 지금도 살아 계신 부처님을 친견(親見)하여 그의 입에서 나오는 감로수(甘露水)와 같은 생명의 말씀을 단 한 번이라도 듣기를 소망하며 날마다 무상심심(無上甚深) 미묘법(微妙法) 백천만겁(百千萬劫) 난조우(難遭遇) 하면서 기도하고 있기 때문입니다. 즉 살아 계신 부처님을 만나려면 백천만겁(百千萬劫)이 걸린다는 뜻입니다. 그런데 이렇게 수 억겁(數 億劫)을 기다려도 만나 뵙기 힘든 귀하고 위대하신 부처님(생불)을 부처님의 가피(加被)로 제가 친견(親見)하게 된 것입니다.

　그런데 내가 만난 부처님은 사찰(寺刹)에 모셔 놓은 부처님의 형상과 같이 화려하거나 장엄(莊嚴)하거나 우아(優雅)한 모습도 없는 지극히 평범한 중생의 모습이었습니다. 그러나 그 입에서 나오는 말씀은 지금까지 단 한 번도 들어보지 못한 놀랍고도 경이(驚異)로운 말씀으로 마치 주옥(珠玉)같고 감로수(甘露水)와 같은 생명의 말씀이었습니다. 그래서 저는 그분에게 "스승님" 하고 먼저 존함(尊啣)부터 여쭈어 보았더니 그분은 저에게 "나는 정처 없이 떠도는 나그네"라고 말씀하셨습니다.

　그런데 그분은 정말 정처 없이 떠도는 나그네와 같이 남루(襤褸)한 모습을 하고 있었습니다. 그러나 그분이 말씀하시는 말씀들은 들으면 들을수록 모두 진리와 생명의 말씀으로 병들어 죽어가는 중생들을 치료하며 살릴 수 있는 신비(神祕)롭고 경이(驚異)로운 진리의 말씀이었습니다. 그러므로 저는 그분을 부처님과 같이 모시고 동행하면서 그분에게 들은 말씀들을 오늘날 불자들에게 전해야 한다는 사명감을 가지고 나름대로 심혈(心血)을 기울여 한 대목 한 대목 조심스럽게 정리하여 기록하게 된 것입니다.

여기에 기록된 말씀들은 보시는 분들의 시각(視角)이나 신앙의 관념(觀念)에 따라 각기 다르게 느낄 수도 있다고 생각합니다. 그러나 이 글을 접하시는 분들이 그동안 자신이 가지고 있는 신앙의 고정관념(固定觀念)들을 잠시 내려놓고 여기에 기록된 말씀들을 부처님의 말씀으로 믿고 끝까지 봉독(奉讀)을 하신다면 제가 만난 부처님이 생불(生佛)인지 거짓인지 알게 되는 것은 물론 부처님의 가피(加被)로 그동안 알지 못하고 듣지도 못했던 화두(話頭)의 비밀들과 부처님의 깊은 뜻을 알게 될 것입니다.

특히 지금 성불(成佛)을 위해 수행하시는 스님이나 불자들에게는 이 말씀들이 큰 도움이 되는 것은 물론 부처님의 가피(加被)로 성불(成佛)하는 계기가 될 수도 있다고 생각합니다.

성철 스님이 남긴
마지막 유언(遺言)

성철 스님은 무엇 때문에
부처님을 큰 도적이라 말했나?

　오늘날 불교를 이끌고 있는 스님들은 물론 불자들도 성철 스님이 운명(殞命)하시기 전에 하신 말씀과 딸에게 남긴 유언서(遺言書)에 대해서 많은 생각을 해 보아야 합니다. 왜냐하면 성철 스님은 자신이 평생을 믿고 섬겨온 석가모니(釋迦牟尼) 부처님을 큰 도적, 달마대사는 작은 도적이라 말씀하시면서 나는 죽어서 지옥(地獄)으로 들어간다고 충격적인 말씀을 하셨기 때문입니다.

　이렇게 성철 스님이 열반(涅槃)에 들기 전에 하신 말씀들과 유언서(遺言書)에 담긴 내용들은 불자들이 도저히 이해할 수 없고 받아들일 수 없는 너무나 충격적인 말씀입니다. 그러면 성철 스님이 이런 말씀을 하셨다는 것이 진정 사실일까요? 아니면 노년(老年)에 망령(妄靈)이 들어서 망발(妄發)을 하신 것일까요? 성철 스님은 한국 불교계의 스님들과 불자들 모두가 부처님과 같이 추앙(推仰)하며 지극정성으로 섬겼던 이 시대의 큰 스님입니다. 때문에 성철 스님을 한번 친견(親見)하려면 부처님께 삼천배를 올려야 한번 만날 볼 수 있었던 근엄(謹嚴)한 스님이었습니다.

　　성철 스님은 불교가 최상의 진리라고 믿고 깨달음을 얻어 성불(成佛)하여 부처가 되기 위해 23세(1934년)의 나이에 부모, 형제, 처자를 다 버리고 출가(出家)하였습니다. 성철 스님은 입산(入山)한 후 82세(1993년)의 나이로 타계(他界)하기까지 오직 참선(參禪)과 학문으로 일관하신 최고의 선승(禪僧)이요, 학승(學僧)입니다. 성철 스님은 자리에도 눕지 않고 8년을 장좌불와(長坐不臥)하신 초인(超人)적인 극기 수행(克己 修行)을 하셨으며, 한 때는 10년 동안 사람의 접근을 막기 위해 암자(庵子) 주변에 철망을 쳐 놓고 홀로 용맹정진(勇猛精進)을 행하기도 하였습니다. 이렇게 성철 스님은 우리나라 불교사에서 찾아보기 힘든 참선 수행(參禪 修行)과 용맹정진(勇猛精進)을 하여 인간의 한계를 극복하신 큰 스님입니다. 성철 스님은 본성(本性)을 깨달으면 부처가 된다는 견성성불(見性成佛)의 높은 경지에 이르렀다고 합니다. 성철 스님이 견성성불(見性成佛)

을 하셨다는 것은 관자재보살(觀自在菩薩) 곧 스스로 진리를 볼 수 있는 혜안(慧眼)을 소유한 부처님이 되셨다는 뜻입니다. 성철 스님은 팔백 년 동안 이어져 내려오는 조계종 선법(禪法)의 법통 곧 깨우침은 점진적으로 이루어진다는 "돈오점수(頓悟漸修)론"을 비판하고 깨우침은 순간(단번)에 이루어진다는 "돈오돈수(頓悟頓修)론"을 주장하였습니다.

그러나 부처님은 돈오점수(頓悟漸修), 즉 무명(無明)의 중생들이 진리를 깨달으려면 육바라밀(六波羅蜜), 즉 지옥계(地獄界)에서 벗어나 아귀계(餓鬼界)-축생계(畜生界)-수라계(修羅界)-인간계(人間界)의 과정을 모두 마치고 천상(天上)에 올라가야 진리를 깨달아 부처가 될 수 있다고 말씀하고 있습니다. 즉 부처님은 성철 스님의 주장과 같이 "진리는 단번에 깨달을 수 있는 것이 아니라" 수백, 수천, 혹은 수만, 수 억겁 동안 수행(修行)과 정진(精進)을 통해서 깨닫게 된다고 말씀하고 있는 것입니다.

성철 스님은 지금까지 불자들에게 존경과 선망(羨望)을 한 몸에 받으신 분으로 불자들은 지금도 성철 스님은 우리 곁에 오셨던 "부처님"이라고 추앙(推仰)하고 있습니다. 이렇게 모든 불자들이 부처님과 같이 섬겨온 성철 스님이 열반(涅槃)하시기 전에 하신 말씀들과 자기 딸 '필히 스님'에게 남긴 유언서(遺言書)에 담긴 내용이 너무나 충격적이어서 불자들이 도저히 받아들일 수 없는 것은 물론 이해조차 하지 못하고 있는 것입니다. 그러면 성철 스님이 자기 딸에게 남긴 유언서에 어떤 내용이 담겨 있을까요? 이제 성철 스님이 1993년 82세로 열반(涅槃)하기 직전에 자기 딸 필히 스님에게 남긴 유언(遺言)의 말씀을 살펴보기로 하겠습니다.

"필히야 나는 내 인생을 잘못 선택했다. 나는 지

옥에 간다. 내 죄는 산보다 높고 바다보다 깊은데 내 어찌 감당하랴. 내가 80년 동안 포교한 것은 헛것이로다. 우리는 구원이 없다. 죄 값을 해결할 자가 없기 때문이다.” 성철 스님은 딸 필히와 54년을 단절하고 살았는데 죽을 임종 시에 찾게 되었다. “필히야 내가 잘못했다. 내 인생을 잘못 선택했다. 나는 지옥에 간다.” 라는 내용입니다.

성철 스님은 초인적(超人的)인 극기 수행(克己 修行)과 용맹정진(勇猛精進)을 통해서 큰 깨달음을 얻어 성불(成佛)의 경지에 이르렀다는 큰 스님입니다. 그런데 성철 스님이 말년에 와서 나는 “한평생 불자들에게 진리가 아닌 것을 진리라고 속인 죄가 너무 커서 지옥에 떨어진다고 참회(懺悔)하며 천추(千秋)의 한을 토하신 것입니다. 이렇게 성철 스님은 말년(末年)에 새로운 사실을 깨닫고 내심(內心) 말 못하는 갈등으로 괴로워하며 방황하다가 마지막에 회한

(悔恨)으로 천추(千秋)의 한을 안고 세상을 떠나신 것입니다. 그러면 성철 스님이 말년(末年)에 무엇을 새롭게 깨달았으며 왜 천추(千秋)의 한을 안고 세상을 떠났을까요? 이제 성철 스님이 딸 필히 스님에게 남긴 유언(遺言)에 담긴 깊은 의미를 살펴보기로 하겠습니다.

서두(書頭)에 자신의 딸 필히 스님에게 나는 인생을 잘못 선택하여 지옥에 간다고 말씀하신 것은 나는 구원이 없는 불교를 모르고 잘못 선택을 해서 지옥으로 들어간다는 뜻입니다. 즉 내가 구원이 있는 기독교를 선택하여 예수를 믿었다면 천국에 들어갈 텐데 구원자가 없는 불교를 택해서 지옥으로 가게 되었다는 뜻입니다. 그리고 내 죄는 산보다 높고 바다보다 깊은데 그 죄를 내가 어떻게 감당하겠느냐고 말씀하신 이유는 내가 그 동안 진리라고 포교(布教)한 부처님의 말씀들은 구원이나 생명이 없는 비 진리인데 진리라고 속였기 때문에 그 죄가 산보다 높고 바다보다 깊다는 뜻입니다.

그리고 우리 불교에 구원이 없다는 것은 예수님과 같이 죄를 해결해 줄 수 있는 구원자가 없기 때문이라는 것이다. 그래서 성철 스님은 자신이 지금까지 지은 죄가 너무 크다는 것을 깨닫고 나는 지옥으로 들어간다고 말씀하고 있는 것입니다. 그러면 성철 스님의 말과 같이 부처님의 말씀은 진리가 아니며 또한 불교에는 진정 죄를 사(赦)해 줄 구원자나 진리 곧 생명의 말씀이 없단 말인가요? 천부당(千不當) 만부당(萬不當)한 말씀입니다. 왜냐하면 불경에 기록된 부처님의 말씀은 모두가 진리이며 또한 부처님은 평생 동안 무명으로 죽어가는 영혼들을 구원하고 살려서 영원한 생명을 주시는 일들을 행하셨던 구원자이시기 때문입니다.

그런데 성철 스님은 진리를 깨닫지 못해 부처님의 실체를 모르고 또한 부처님의 뜻이나 부처님이 행하신 일들을 모르기 때문에 망언(妄言)을 한 것입니다. 부처님이 세상에서 행하신 일들은 모두 자리(自利)와 이타(利他) 곧 구원과 영생, 즉 지옥계(地獄界)에 있는 무명(無明)의 중생들을 구원(제도)하여 육바라밀(六波羅蜜)의 과정을 통해 천상계(天上界)에 올라가 성불(成佛)하여 부처를 만드는 일을 행하셨습니다. 이렇게 부처님은 중생들을 제도(濟度)하는 구원자이시며 따라서 부처님이 하신 말씀도 모두 진리요 생명인 것입니다.

만일 불자들이 지금이라도 진리를 깨달아 성불(成佛)하여 혜안(慧眼)이 열린다면 성경에 기록된 하나님의 말씀이나 불경에 기록된 부처님의 말씀이 모두 동일한 진리요, 하나님의 말씀이라는 것과 또한 부처님과 예수님은 모두 하나님으로부터 오신 동일한 구원자이시라는 것도 알게 될 것입니다. 왜냐하면 성경에 기록된 말씀은 기독교의 용어로, 불경에 기록된 부처님의 말씀은 불교의 용어로 좀 다르게 기록되어 있을 뿐 혜안(慧眼)으로 보면 모두 진리며 동일한 뜻이기 때문입니다.

불교의 사상(思想)은 자비(慈悲)요 기독교의 사상(思想)은 사랑이라 말합니다. 그러나 부처님의 자비와 예수님의 사랑은 용어만 다를 뿐 모두 동일한 뜻이며, 기독교가 말하는 천국과 부처님이 말하는 극락도 모두 동일한 곳을 말하고 있습니다. 그리고 불교의 해탈(解脫)과 기독교의 부활(復活)도 모두 죽은 영혼이 다시 살아나 영원히 사는 동일한 뜻입니다. 그런데 불교의 가장 큰 문제는 지금까지 불교는 신(神)이 없다고 신(神)의 존재를 부정(否定)하고 있다는 것입니다. 그러나 불교의 창시(創始)자인 석가모니 부처님은 반야심경(般若心經)을 통해서 반야(般若)는 시대신(是大神)이요 시대명(是大明)이요 시무상(是無上)이요 시무등등(是無等等)의 주(呪)라 말씀하고 있습니다. 즉 반야(般若)는 참으로 큰 신이며 반야(般若)보다 더 큰 신(神)은 없으며 또한 반야(般若)는 참으로 밝은 빛이시며 반야(般若)와 비교할 수 있는 그 어떤 신도 없다고 말씀하고 있습니다. 그리고 주(呪)는 말씀이라는 뜻으로 반야심경(般若心經)은 바로 높고 크고 진실한 신(神)의 말씀이라는 뜻입니다. 그런데 부처님이 말씀하고 계신 반야(般若)는 시대신(是大神)으로 곧 창조주(創造主) 하나님을 말씀하고 있는 것입니다. 그럼에도 불구하고 불교는 지금까지 부처님께서 말씀하고 있는 시대신(是大神) 곧 신(神;하나님)을 부정하며 불교에는 신(하나님)이 없다고 주장하고 있습니다. 그러나 부처님을 믿고 섬기는 불자들이 부처님이 말씀하고 있는 신(神)을 부정하는 것은 곧 부처님을 부정하는 것입니다.

　부처님의 말씀이 모두 기록되어 있는 팔만대장경
(八萬大藏經)의 핵심(核心)은 자리(自利)와 이타(利
他) 곧 상구보리(上求菩提)와 하화중생(下化衆生)
입니다. 그런데 상구보리(上求菩提)는 위로 깨달음
을 구(求)하여 성불(成佛)하여 부처가 되라는 것이
며 하화중생(下化衆生)은 진리를 깨달아 부처가 된
부처는 이웃에 죄(무명)로 말미암아 죽어가는 영혼
을 구원하고 살려서 부처님을 만들라는 뜻입니다.
이 말씀은 예수님이 말씀하신 새 계명과 동일한데
첫 계명은 너는 마음과 목숨과 뜻과 힘을 다해서 하
나님을 사랑하여 하나님의 아들로 거듭나라는 것이
며 둘째 계명은 하나님의 아들로 거듭난 자는 이웃
에 죽어가는 영혼들을 네 몸과 같이 사랑하여 하나
님의 아들로 만들라는 것입니다.

　석가모니(釋迦牟尼) 부처님은 시대신(是大神) 곧
반야(般若)의 뜻에 따라 상구보리(上求菩提)와 하화

중생(下化衆生)을 모두 완벽하게 이루신 분입니다. 때문에 석가모니(釋迦牟尼) 부처님은 성불(成佛)하여 부처님이 되신 후에 반야(般若) 곧 시대신(是大神)의 뜻에 따라 그의 여생(餘生)을 모두 죽어가는 무명의 중생들을 구원(濟度)하고 살려서 부처를 만드는 일만 행하신 것입니다. 이와 같이 부처님은 무명의 중생들을 구원하고 살리는 구원자이시며 부처님의 입에서 나오는 말씀도 모두 진리요 생명인 것입니다.

그런데 성철 스님은 무상심심미묘법(無上甚深微妙法)인 부처님의 말씀을 깨닫지 못해 반야(般若)는 물론 석가모니(釋迦牟尼) 부처님도 모르고 불교에는 "구원이 없다"고 말한 것입니다. 성철 스님이 평생 수행 정진을 하면서도 성불(成佛)하지 못한 것은 신(神)을 부정한 것과 또한 부처님과 같이 진리를 깨달아 혜안(慧眼)이 열린 생불(生佛) 곧 살아 계신 부처님을 모르고 찾지도 않았기 때문입니다. 만일 성철 스님이 오늘날 살아 계신 부처님을 만나 올바른 가르침을 받아 진리를 깨달아 성불(成佛)하였다면 이러한 망언(妄言)이나 과오(過誤)는 범하지 않았다는 것입니다.

왜냐하면 석가모니 부처님도 반야(般若)의 도우심을 받아 진리를 깨달아 부처가 되셨기 때문입니다. 불교에서 석가모니 부처님은 스스로 깨달아 부처가 되었다고 가르치고 있지만 부처님은 반야심경(般若心經)을 통해서 반야(般若) 곧 시대신(是大神)의 도움을 받아 자신의 존재가 무상(無常)하다는 것을 깨닫고 모든 고액(苦厄)에서 벗어나 부처가 되었다고 말씀하고 있습니다.

관자재보살(觀自在菩薩) 행심반야바라밀다시(行深般若波羅蜜多時) 조견오온개공(照見五蘊皆空) 도

일체고액(度一切苦厄)

　상기의 말씀은 부처님께서 반야(般若)를 향해 오랫동안(수 억겁) 육바라밀(六波羅蜜)을 깊이 행하고 있을 때 반야(般若)의 도우심으로 자신의 존재가 오온(五蘊)으로 구성(構成)된 무상(無常)한 존재라는 것을 깨닫고 모든 제도(制度)의 틀과 재액(災厄)을 벗어나 관자재보살(觀自在菩薩)이 되었다는 뜻입니다. 이 말씀과 같이 부처님은 자신의 존재가 무상(無常)하다는 것을 스스로 보거나 깨달은 것이 아니라 반야(般若)의 도우심(照見)으로 보고 깨달아 관자재보살(觀自在菩薩)이 되신 것입니다. 즉 부처님은 반야(般若)를 신(神)으로 믿고 의지하였기 때문에 반야(般若)의 도움을 받아 진리를 깨닫고 부처가 되었다는 뜻입니다.

　그런데 성철 스님은 불교에는 신(神)도 없고 구원

자도 없기 때문에 불자들은 구원을 받지 못하고 지옥으로 들어간다고 말한 것입니다. 그러나 반야(般若) 곧 시대신(是大神)은 영원 전부터 영원까지 항상 살아 계시며 그에 따른 생불(生佛), 즉 구원자들도 항상 존재하고 계십니다. 그런데 성철 스님이나 불자들이 혜안(慧眼)이 없어 오늘날 살아 계신 부처님 곧 생불(生佛)을 보지 못하고 구원자가 없다고 말한 것입니다. 성철 스님의 이러한 무지(無知) 속에서 나온 망언(妄言)이 불자들을 큰 실망과 더불어 좌절하게 만든 것입니다.

그런데 성철 스님이 말년에 이러한 망언(妄言)을 하게 된 것은 열반(涅槃)하시기 전에 비몽사몽간(非夢似夢間)에 지옥(地獄)의 모습을 환상(幻像)으로 보았기 때문입니다. 아래 글은 성철 스님이 지옥을 본 후 시(詩)와 같은 어조(語調)로 기록한 글입니다.

"석가는 원래 큰 도적이요 달마는 작은 도적이다. 서천에 속이고 동토에 기만하였네. 도적이여! 도적이여! 저 한없이 어리석은 남녀를 속이고 눈을 뜨고 당당하게 지옥으로 들어가네. 한마디 말이 끊어지니 일천성의 소리가 사라지고 한칼을 휘두르니 만리에 송장이 즐비하다… 목 위의 무쇠간은 무게가 일곱 근이요, 발밑에 지옥은 괴로움이 끝이 없도다. 석가와 미타(아미타불)는 뜨거운 구리 쇳물을 마시고 가섭과 아난(석가모니 제자들)은 무쇠를 먹는다. 사나운 용이 힘차게 나니 푸른 바다가 넓고 사자가 고함지르니 조각달이 높이 솟았네."

이 시는 추상적(抽象的)으로 만들어 낸 시가 아니라 성철 스님이 운명 전에 환상(幻像)으로 지옥에 있는 석가모니(釋迦牟尼) 부처님과 달마 대사와 가섭과 아난존자가 지옥에서 괴로워하는 모습을 보고 시구(詩句)로 묘사(描寫)한 것입니다. 성철 스님이 환상(幻像)을 통해 영계에 들어가 부처님을 직접 보지 못했다면 자신이 평생을 믿고 섬겼던 석가모니 부처님을 어떻게 도적이라 말할 수 있단 말인가요? 그러나 성철 스님이 비몽사몽간(非夢似夢間)에 환영(幻影)을 통해 본 것들은 사실이 아니라 마귀나 사탄의 역사 곧 마귀의 장난인 것입니다. 왜냐하면 석가모니(釋迦牟尼) 부처님은 해탈(解脫) 성불(成佛)하여 생로병사(生老病死)의 윤회(輪廻)에서 벗어나 이미 하나님이 계신 천국에 들어가 계시기 때문입니다.

아래의 글은 성철 스님이 운명하기 전에 기자가 찾아가 질문한 대화의 내용을 기록한 것입니다.

"스님! 우리나라에는 일천 삼백만 불자가 있는데 그 불자들에게 한 말씀만 부탁합니다." 하고 정중하게 말씀을 드리니 성철 스님은 다음과 같이 말한다.

"내 말에 속지 말라 해! 내 말한테 속지 말어! 나는 늘 거짓말만 하니까" "알겠어요?" "나는 순 거짓말만 하고 사는 사람이니까 내 말에 속지 말라 그 말이여……"

성철 스님이 기자에게 내 말은 순 거짓말이라고 계속 말씀하시는 이유는 내가 지금까지 부처님의 말씀을 진리라고 거짓말을 하고 살았기 때문에 내가 하는 말은 모두 거짓말이라는 뜻입니다. 때문에 이제는 내 말에 더 이상 속지 말라는 뜻으로 하신 말씀입니다. 성철 스님은 기자에게 "내 말에 속지말라…."는 말을 던져 주고는 1993년 11월 4일 새벽, 법랍59년, 세수 82세로 열반(涅槃)송을 남기고 떠나셨습니다. 성철 스님의 열반 송은 다음날인 11월 5일에 조선일보(15면) 동아일보(31면) 경향신문(9면) 중앙일보(23면)에 실렸습니다.

生平欺狂 男女群 (생평기광 남녀군)
일평생 남녀 무리를 속여 미치게 했으니.

彌天罪業 過須彌 (미천죄업 과수미)
그 죄업이 하늘에 미쳐 수미산보다 더 크다.

活陷阿鼻 恨萬端 (활함아비 한만단)
산채로 불의 아비지옥으로 떨어지니
한이 만 갈래나 되는 구나.

一輪吐紅 掛碧山 (일륜토홍 괘벽산)
한 덩이 붉은 해가 푸른 산에 걸렸구나.

성철 스님이 죽음을 앞두고 붉은 해가 푸른 산
에 걸려 있는 광경(光景)을 바라보며 자신의 지난날
을 되돌아보니 다른 사람들을 속인 죄가 수미산(須
彌山)보다 더 커서 산채로는 구제(救濟)받을 수 없

는 존재로 아비지옥(阿鼻地獄) 곧 무간지옥(無間地獄)에 떨어져 한이 만 갈래나 된다고 탄식하는 독백(獨白)을 시구(詩句)로 표현한 것입니다. 이 시구(詩句)를 보면 성철 스님은 열반(涅槃)하시기 전에 자신의 존재가 모두 죄 덩어리라는 것과 그 죄로 말미암아 무간지옥(無間地獄)으로 들어가게 된다는 것을 깨닫고 두려움 속에서 참회(懺悔)하는 모습을 볼 수 있습니다. 이렇게 불자들이 부처님과 같이 추앙(推仰)했던 성철 스님은 말년(末年)에 자신의 잘못을 깨닫고 참회(懺悔)하며 열반(涅槃)에 드신 것입니다.

이상의 말씀과 같이 성철 스님이 말년(末年)에 하신 말씀들과 유언서(遺言書)에 담긴 글들은 부처님의 말씀과 너무나 다르다는 것입니다. 왜냐하면 성철 스님은 생전(生前)에 그렇게 수많은 인욕정진(忍辱精進)과 참선(參禪) 수행을 하였지만, 진리 곧 부처님의 말씀을 깨닫지 못했기 때문입니다. 그런데 성철 스님은 말년이 되어서 기독교에는 구원이 있다는 것과 천국은 오직 구원자 예수님을 믿고 그 입에서 나오는 말씀을 영접해야 들어간다는 것을 깨닫게 된 것입니다. 그래서 성철 스님은 불교에는 예수님과 같은 구원자가 없어 구원이 없다는 것입니다. 문제는 성철 스님이 석가모니(釋迦牟尼) 부처님도 예수님과 동일한 구원자라는 것을 몰랐다는 것입니다. 왜냐하면 석가모니 부처님이 생전에 행하신 일들이 모두 무명(無明)의 중생들을 제도(濟度:구원)하여 열반(涅槃) 곧 천국에 이르게 하신 일들이기 때문입니다.

그런데 문제는 스님들이 지금도 석가모니 부처님은 자각(自覺) 곧 스스로 깨달아 부처님이 되셨다고 주장을 하며 신(神) 곧 하나님을 부정하고 있다는 것이다. 그러나 부처님은 반야심경을 통해서 조견오온개공(照見五蘊皆空) 곧 시대신(是大神)의 도움으로 깨닫게 되었다고 분명하게 말씀하고 있습니다. 이렇게 부처님은 자신이 무상(無常)한 존재라는 것을 신(神)의 도우심으로 깨닫게 되었다고 신(神)을 증거하고 있는 것입니다.

그러므로 스님들은 물론 불자들도 부처님의 말씀을 다시 확인해 보고 이제부터라도 부처님은 신(神)에 의해 태어나신 분으로 진리요 생명이신 구원자로 믿고 섬겨야 합니다. 그러면 불자들도 부처님을 통해서 구원을 받아 언젠가는 열반(涅槃)에 이르게 될 것입니다. 기록자는 성철 스님의 말씀을 보고 상처를 받은 불자들에게 조금이라도 도움이 될까하여 잘못된 말씀들을 재정리하고 보충하여 기록한 것입니다.

이글을 끝까지 봉독(奉讀)하신 분들은 모두 성불

(成佛)하여 부처가 되기를 기원(祈願)합니다.

무상심심미묘법(無上甚深微妙法)
백천만겁난조우(百千萬劫難遭遇)
아금문견득수지(我今聞見得受持)
원해여래진실의(願解如來眞實義)

　한없이 높고 끝도 없이 깊고 깊은 기묘한 부처님의 말씀은 백천만겁이 지나도 만나기 어려워라. 내가 지금 듣고 보고 마음 깊이 간직하오니 부처님의 진실한 뜻을 알기 원하옵니다.

-아제아제 바라아제 바라승아제 보리사바하-

진불(眞佛)과 가불(假佛)의 진실과 허구(虛構)

진신사리(眞身舍利) 속에 감추어 있던
화두(話頭)의 비밀!

오늘날 불자들은 부처님이 오신 지 2600년이 지난 지금까지 부처님을 믿고 섬겨 오고 있습니다. 왜냐하면 부처님은 무명(無明)의 중생들을 제도(濟度: 구원)하기 위해서 이 어두운 세상에 빛과 진리로 오신 분이기 때문입니다. 문제는 불자들이 부처님의 실체를 모르고 법당(法堂)에 모셔 놓은 부처님을 부처님이라 믿고 섬기고 있다는 것입니다. 그런데 불자들이 믿고 섬기는 부처님이 진불(眞佛)이 아니라 사람이 만들어 놓은 가불(假佛)이라면 평생 동안 온 마음과 몸을 다하여 극진(極盡)히 섬긴다 해도 진리를 깨닫거나 성불(成佛)을 할 수가 없다는 것입니다.

때문에 불자들이 부처님을 섬기기 전에 먼저 부처님의 실체를 아는 것이 그 무엇보다 중요한 일이라 생각합니다. 부처님을 알려면 먼저 부처님이 태어나서 열반(涅槃)하시기까지 부처님의 생애(生涯)에 대하여 알아야 합니다. 왜냐하면 부처님의 생애를 알아야 부처님의 실체와 부처님의 말씀(화두)을 알 수 있기 때문입니다. 그러므로 이제 부처님의 생애(生涯)에 대하여 말씀드리겠습니다.

석가모니(釋迦牟尼) 부처님의 본래 이름은 "고타

마 싯다르타"이며 석가모니(釋迦牟尼)란 석가족(釋迦族)의 성자(聖者)라는 뜻입니다. 싯다르타는 만년설이 덮여 있는 히말라야 산맥 남쪽 기슭에 석가족이 살고 있는 "카필라" 왕국에서 왕자로 태어나셨습니다. 카필라는 주로 농사를 지어 살고 있는 나라로 싯다르타의 아버지는 슛도다나 왕이며 어머니는 마야 왕비입니다. 마야 왕비는 결혼한 지 20년이 지나도록 아이가 없었는데, 어느 날 밤 여섯 개의 상아를 가진 흰 코끼리가 오른쪽 옆구리로 들어오는 꿈을 꾸고 난 후 아기를 잉태하게 되었다고 합니다. 어머니 마야는 산달이 되어 나라의 관습(慣習)에 따라 해산을 하기 위해 친정으로 가던 도중 룸비니라는 동산에서 싯다르타를 출생하게 되었습니다.

그런데 경전(經典)에 싯다르타가 탄생할 때 여러 진기(珍奇)한 사건들이 일어났다고 기록되어 있습니다. 태자(太子)는 어머니 태에서 나오자마자 동서남북(東西南北) 사방으로 일곱 걸음씩 걸으며 오른손으로 하늘을 왼손으로 땅을 가리키며 천상천하(天上天下) 유아독존(唯我獨尊)이라고 말씀하시면서 온 세상이 모두 고통 속에 잠겨 있으니 내가 모두 편안케 하리라고 외쳤다고 합니다. 그러자 하늘과 땅이 진동을 하며 하늘에서는 꽃비가 내리고 천신들이 하늘에서 내려와 태자(太子)에게 경배를 하였으며 태자가 걸었던 발자국마다 연꽃이 피어올랐다고 합니다.

그리고 연못 속에서 두 마리의 용이 올라와 그 입으로 따뜻한 물을 뿜어 갓 태어난 아이의 몸을 씻겨 주었다고 합니다. 불자들은 태자에게 일어났던 이 모든 일들이 사실이라 믿어 오고 있습니다. 그런데 갓 태어나 핏덩어리와 같은 어린아이가 어떻게 일어나 걸을 수가 있고, 또한 아무 말도 모르는 갓난아이가 어떻게 유아독존(唯我獨尊)이라는 말을 할 수 있을까요? 경을 보면 태자는 본래부터 부처의 몸으로 태어난 것이 아니라 중생들과 같은 몸으로 태어나서 깨달음을 얻은 후 부처가 되었다고 말하고 있습니다. 그러므로 이러한 신화(神話)들은 스님들이 태자를 미화(美化)시켜 무명의 중생들이 부처님을 잘 믿고 경외(敬畏)하도록 하기 위해 만들어 낸 것이라 사료(思料)됩니다. 이렇게 어린 태자가 어미의 태에서 태어난 날은 사월 초파일인데 불자들은 이 날을 부처님이 태어나신 석가(釋迦) 탄일(誕日)로 정하여 이날을 기념하기 위해 해마다 경축 행사를 하고 있습니다.

그러나 싯다르타 태자가 부처님으로 태어나신 날은 어미의 태에서 나온 4월 8일이 아니라 35세에 보리수나무 아래서 성불(成佛)하여 부처가 되신 날을 말합니다. 즉 4월 8일은 태자(싯다르타)의 육신이 태어난 생일이고 부처님이 태어나신 석가(釋迦) 탄일(誕日)은 삼십 오세가 되어 보리수나무 아래서 정각(正覺)을 이루신 해의 12월 8일이라는 말입니다. 부왕 "슛도다나"는 그토록 기다리던 왕자의 출생으로 몹시 기뻐하며 자신의 모든 소원이 이루어졌다는 뜻으로 왕자의 이름을 "싯다르타"라고 하였습니다.

그러나 그 기쁨도 잠시, 마야 왕비는 왕자를 낳은 지 칠일 만에 세상을 떠나게 된 것입니다. 태자는 왕비의 동생인 마하 파사파제에 의해서 양육을 받게 되었습니다. 그 무렵 산속에서 수행을 하던 아시타라는 선인(仙人)이 있었는데 싯다르타를 바라보고 이 아이가 장성하면 세계를 통일할 수 있는 위대한 왕이 될 것이며 만일 출가(出家)하여 도를 닦으면 세상의 중생들을 구원하는 부처가 될 것이라고 예언을 하였습니다. 슛도다나 왕은 이 예언을 듣고 처음에는 기뻐하였으나 대를 이을 왕자가 출가하면 어쩌나 하고 걱정을 하게 된 것입니다.

태자는 총명하여 일곱 살 때부터 문무(文武)의 도(道)를 배우고 익히기 시작했습니다. 태자는 어느 해 봄날 부왕을 따라 경운식(耕耘式)에 참석하게 되었는데 농부들이 밭을 갈고 있을 때 가래에 끌려 나온 벌레를 새가 날아와 쪼아 먹는 것을 바라보고 애처로운 마음에 숲으로 들어가 깊은 생각에 잠겼습니다. 얼마 후에 태자는 수레를 몰고 동문(東門) 밖으로 산책을 가게 되었는데 머리가 하얀 노인이 추한 모습으로 쇠약한 몸을 지팡이에 의지하며 쓰러질 듯이 걸어가는 모습을 바라보며 '나도 늙으면 저렇게 되겠구나!' 하는 생각을 하고 실의에 빠진 것입니다.

태자는 며칠 후에 남문을 통해서 산책을 나갔는데 길옆에 피골이 상접한 사람이 구슬 같은 땀방울을 흘리면서 열병으로 괴로워하는 것을 바라보고 '나도 병들면 저렇게 되겠구나!' 하는 생각을 하고 한동안 슬픔에 잠겼습니다. 그 후 태자는 다시 조용하고 한적한 길을 택하여 산책을 하기로 하고 인적이 드문 서문(西門)으로 나아갔는데 때마침 사람들이 시체를 상여(喪輿)에 메고 자손들은 그 뒤를 따라 곡을 하며 장사 지내러 가는 광경을 목격하게 되었습니다.

이때 태자는 '태어난 것은 모두 병들고 늙고 죽게 되는구나!' 하면서 '나도 언젠가는 저들과 같이 병들어 신음하고, 추하게 늙어 결국은 죽겠구나!' 하는 좌절감에 빠져 고민을 하게 된 것입니다. 자신이 비록 태자의 신분으로 이 나라의 왕이 될 자이지만 결국은 자신도 병들고 늙고 죽을 수밖에 없는 목숨이라는 것을 생각하니 "궁궐의 부귀영화(富貴榮華)나 자신의 젊음이 무슨 소용이 있단 말인가?" 이렇게 태자는 인생의 무상함을 느끼며 실의에 빠지게 된 것입니다. 그러면 인간은 생로병사(生老病死)를 초월하여 영원히 살 수 있는 방법이나 길은 없단 말인가? 또한 자신의 존재는 어디로부터 왔으며 무엇 때문에 살다가 사후에는 어디로 가는 것일까? 그리고 인간들이 이 세상에 태어나서 살아가는 인생의 의미는 진정 무엇인가? 라는 생각을 끊임없이 하게 된 것입니다. 그러나 아무리 생각을 하고 찾아보아도 생로병사(生老病死)를 초월(超越)할 수 있는 길이나 방법이 없다는 것을 알고 다시 좌절하게 된 것입니다.

그런데 어느 날 사람들의 대화 속에서 생로병사(生老病死)를 초월하는 영생의 길이 있다는 것을 듣게 되었습니다. 이 말을 들은 태자는 이때부터 영생의 길을 찾기 위해 출가(出家)를 결심하게 된 것입니다. 이러한 태자의 마음을 알게 된 부왕(父王)은 태자의 마음을 돌이키기 위해서 여러 가지로 노력을 해 보았으나 태자의 마음은 변함이 없었습니다. 부왕은 태자의 마음을 돌이키기 위해 결국 결혼을 시키게 되었는데 그때 나이 19세였습니다.

신부는 태자 어머니의 오라비 데바다하성의 왕인 수프라 붓다의 딸 "야쇼다라"였습니다. 태자는 야쇼다라와 결혼하여 아들을 낳게 되었는데 이 아들이 자신의 출가를 막는 애물이라 하여 이름도 "라훌라"라고 지은 것입니다. 태자는 자신의 출가를 더 미룰 수가 없어 부왕을 찾아갔습니다. 태자는 부왕에게 자신이 원하는 것을 들어주면 출가를 하지 않겠다고 말씀을 드렸습니다. 태자가 출가를 하지 않겠다는 말을 들은 부왕은 기뻐하며 네가 원하는 것은 무엇이든지 다 들어주겠다고 약속을 하였습니다.

그런데 태자가 부왕에게 원하는 것은 왕의 권좌나 세상의 부귀영화(富貴榮華)가 아니라 자신이 늙고 병들고 죽는 문제를 해결하여 달라는 것이었습니다. 부왕은 태자의 요구에 난감하게 되었습니다.

왜냐하면 아무리 천하(天下)를 호령하고 부귀영화(富貴榮華)를 누리는 왕이라 해도 인간의 생로병사(生老病死)는 왕의 마음대로 할 수가 없기 때문입니다. 부왕은 태자의 생로병사(生老病死)는 물론 자신의 생로병사도 해결할 수가 없었습니다.

태자는 결국 29세가 되던 해에 궁전에서 빠져나와 출가를 하게 된 것입니다. 궁궐을 나와 구도의 길을 가는 태자에게 마귀가 접근하여 "궁전으로 돌아가라." "이 세상은 모두 네 것이다." "너는 무엇 때문에 부귀영화(富貴榮華)를 버리고 고생을 하려는가?" 하며 가는 길을 막으려 온갖 미혹을 하였습니다. 그러나 태자는 "마귀야 물러가라 내가 구하고 찾는 것은 세상의 부귀영화(富貴榮華)가 아니라 천계(天界)의 영원한 생명이니라." 하며 마귀의 유혹을 모두 물리쳤습니다. 출가를 한 태자는 이때부터 바리때(밥그릇)를 손에 들고 이 집 저 집을 떠돌며 구걸하는 신세가 되었습니다.

그러나 궁궐에서 산해진미(山海珍味)의 진수성찬(珍羞盛饌)을 먹던 태자가 걸식하여 얻은 밥을 먹는다는 것은 그리 쉬운 일이 아니었습니다. 하지만 자신은 지금 집도 절도 없이 영생을 찾아 진리의 도를 구하는 출가자라는 생각을 하고 구걸한 밥을 기쁜 마음으로 먹었습니다. 태자가 처음으로 찾아간 스승은 비사리국에 고행외도(苦行外道)의 일인자인 "발가바" 선인(仙人)입니다. 그 선인은 나무껍질과 나뭇잎으로 옷을 삼고 음식은 나물과 과일로 하루 한 끼를 먹고 잠은 노천(露天)에서 자고 있었습니다. 선인은 이렇게 고행을 함으로 미래에는 천계(天界)로 올라가 행복하게 살 수 있다고 하였습니다.

태자는 이 선인을 바라보며 '장사꾼은 보물을 구하려고 바다에 들어가고 왕은 나라를 구하려고 전

쟁을 하지만, 선인들은 천계(天界)를 구하려고 이런 고행을 하고 있구나!'라고 생각하였습니다. 그러나 태자는 이런 것은 진정한 도(道)가 아니라는 것을 알고 그곳을 떠나게 되었습니다.

태자는 다시 왕사성 부근 미루산 속에서 수행을 하고 있는 "아라 라가라마"라는 수행자를 만나 그의 가르침을 받기로 하였습니다. 라가라마는 태자에게 도(道)는 공무변처(空無邊處)라고 가르쳐 주었습니다. 공무변처란 모든 물질의 관념을 초월해 버린 것으로서 존재하는 것은 모두 허상이며 오직 공(空)만이 영원한 것임을 깨달아 아는 것이 곧 선정(禪定)이라는 뜻입니다. 그러나 태자는 그의 가르침에도 만족하지 않고 다시 "우가다"라는 선인을 찾아갔습니다. "우가다"는 태자에게 비상비비상처(非想非非想處)라는 가르침을 주었습니다.

비상비비상처(非想非非想處)란 생각이 있는 것도 아니고 생각이 없는 것도 아니라는 뜻입니다. 그러나 태자는 아(我)가 없다면 비상비비상처(非想非非想處)가 있을 수 없고 아(我)가 있다면 집착(執着)이 일어남으로 해탈(解脫)을 할 수 없다는 것을 알고 그곳을 떠나게 되었습니다. 태자는 이 밖에도 여러 선인들의 가르침도 받았고 힘든 고행도 해 보았지만 깨우침을 얻지 못하여 할 수 없이 "우르빌바"의 숲 속으로 들어가 조용히 홀로 수행하기로 하였습니다.

태자는 하루에 한 끼 혹은 보름에 한 끼를 먹으며 더위와 추위 그리고 각종 해충(害蟲)들과 마귀들 속에서 정진(精進)을 계속하였습니다. 태자의 몸은 피골이 상접(相接)하였고 몸 하나 가누기 힘든데도 불구하고 가시방석에 앉는 고행, 불로 몸을 지지는 고행, 물속에 들어가 추위를 견디는 고행(苦行) 등 온갖 수행을 계속하였습니다. 이렇게 태자는 지금까지 어떠한 수행자도 행하지 못했던 고도의 고행을 참고 견디어 내었습니다. 그러나 태자는 육 년이란 세월의 고행 속에서도 깨달음은 얻지 못한 것입니다.

태자는 이러한 고행은 모두 부질없는 것이라는 것을 깨닫고 기력을 회복하여 다시 정진하기로 결심을 하고 네란자라 강으로 들어가 더러운 몸을 깨끗이 씻었습니다. 태자는 이때 "우르비라" 촌에서 내려온 "수자타" 여인이 정성으로 공양(供養)하는 "유미"(우유로 만든 죽)를 먹고 점차 기력을 회복하게 되었습니다. 이때 태자를 따라 함께 수행을 하던 동료들은 태자가 수자타 여인에게 우유죽을 받아먹는 것을 바라보고 태자가 타락했다고 비난을 하며 태자의 곁을 떠나 녹야원(鹿野苑)으로 들어갔습니다. 싯다르타 태자는 네란자라 강변에 있는 보리수(菩提樹)나무에 앉아 참선(參禪)을 시작하였습니다. 싯다르타 태자는 내가 깨달음을 얻지 못한다면 살아서는 다시 일어나지 않겠다는 굳은 결심을 하고 참선에 들어간 것입니다. 태자의 이러한 각오를 알아챈 마왕(魔王)은 각종 귀신들을 동원시켜 방해 공작을 하였습니다. 간교하고 아름다운 여자 귀신, 흉측하고 두려운 귀신, 세상의 부귀영화(富貴榮華)를 주는 귀신, 세상의 모든 권세를 주는 귀신 등을 태자에게 접근시켜 온갖 미혹과 협박을 하였습니다. 그러나 태자는 이미 세상의 모든 부귀영화(富貴榮華)를 버리고 죽음까지 각오를 하고 수행(修行) 정진(精進)을 하고 있기 때문에 마왕(魔王)도 태자의 굳은 마음을 굴복시킬 수 없었습니다.

태자는 결국 모든 고행과 마왕의 시험까지 물리치고 깨달음을 얻게 된 것입니다. 태자의 나이 35세가 되던 해 12월 8일 새벽 동틀 무렵에 보리수(菩提樹)나무 아래서 정각(正覺)을 이루어 부처가 되신 것입니다. 태자는 출가한 지 6년 만에 생로병사(生老病死)의 윤회(輪廻)에서 벗어나 영원한 생명으로 해탈(解脫)하여 부처님으로 탄생하시게 된 것입니다.

태자가 출가한 지 6년 만에 해탈하여 성불하신 것은 단순한 6년이라는 의미가 아니라 해탈의 여섯 과정 곧 육바라밀(六波羅蜜)을 화두(話頭)로 말씀하고 있는 것입니다. 이렇게 부처님은 육바라밀(六波羅蜜)의 수행 과정을 통해서 진리를 깨달아 무상정등정각(無上正等正覺)을 이루어 부처가 되신 것입니다. 그런데 부처님께서 진리를 깨닫고 혜안(慧眼)으로 세상을 바라보니 부처님과 같이 깨달은 부처가 하늘 위에도 없고 하늘 아래도 없음을 아시고 너무나 외롭고 쓸쓸한 마음에 "천상천하(天上天下) 유아독존(唯我獨尊)"이라고 말씀을 하신 것입니다.

이렇게 부처님께서 천상천하(天上天下) 유아독존

(唯我獨尊)이라고 말씀하신 뜻은 하늘 위와 하늘 아래에 자신이 제일 위대하다고 말씀하신 것이 아니라 하늘 위나 하늘 아래에 깨달은 부처가 없다는 것을 아시고 부처님이 제일 외롭고 고독하다는 뜻으로 하신 말씀입니다. 그러므로 불자들은 부처님이 말씀하신 천상천하(天上天下) 유아독존(唯我獨尊)이라는 올바른 뜻과 진정한 석가(釋迦) 탄일은 4월 8일이 아니라 12월 8일이라는 것을 알아야 합니다. 이렇게 부처님은 출가한 지 6년 만에 보리수나무 아래에 앉아서 진리를 깨달아 정각(正覺)을 이루어 부처님이 되신 것입니다.

　진리를 깨달아 부처님이 되신 석가모니 부처님은 먼저 자기와 함께 수행을 하다가 떠나간 동료 수행자들을 깨우쳐 주기 위해서 "녹야원(鹿野苑)"으로 가셨습니다. 동료 수행자들은 그들을 찾아간 부처님을 파계승(破戒僧)이라 냉대하며 상종조차 하지 않으려 하였지만 부처님의 빛나는 얼굴과 그의 놀라운 설법(說法)을 듣고 감동을 받아 모두 부처님의 제자가 된 것입니다. 부처님이 동료들에게 설한 말씀은 "사성제(四聖諦)"였습니다. 부처님께서 설하신 사성제는 해탈로 가는 길을 넷으로 나누어 말씀하신 것인데 해탈의 네 길은 고성제(苦聖諦), 집성제(集聖諦), 멸성제(滅聖諦), 도성제(道聖諦)를 말합니다.

사성제(四聖諦)는 고집멸도(苦集滅道)에 성제(聖諦)라는 이름을 붙인 것인데 "성제(聖諦)"라고 하는 이유는 무명의 중생들이 성불하여 부처가 되는 길이 바로 사성제(四聖諦) 안에 모두 들어 있기 때문입니다. 사성제는 부처님께서 정각(正覺)을 이루신 후 그의 동료들에게 최초로 설하신 법문(法門)인데 이 사성제(四聖諦)는 지금도 변함없이 무명의 중생들을 해탈의 길로 인도하고 있는 가장 소중한 법문(法門)입니다. 부처님은 그 후 "왕사 성"으로 들어가 "빔비사라" 왕을 교화한 후 그곳에 법문(法門)을 설하는 근거지를 만들고 열심히 중생들을 가르쳤습니다. 부처님의 소문을 들은 많은 사람들이 구름처럼 몰려왔고 부처님의 가르침을 받고 제자가 된 사람은 "사리자"를 비롯해서 약 2000명이나 되었습니다. 부처님은 "왕사 성"에만 머무르지 않으시고 각지방을 순회하며 45년의 기나긴 세월을 오직 중생을 구제하는 일에 전력을 다하셨습니다.

부처님이 80세가 되시던 해에 "파바"라는 마을에 들렀는데 그곳에서 대장간을 하는 "춘다"라는 사람이 공양을 한 음식(돼지고기)을 먹고 배탈이 나셨습니다. 부처님은 아픈 몸에도 불구하고 "쿠시나가라" 마을로 가셔서 마지막 설법을 하신 후 숲속으로 들어가 "샤라"라는 나무 아래서 열반(涅槃)에 드셨습니다.

이렇게 부처님의 모든 삶은 자신이 성불(成佛)하기 위해서 온갖 고난을 받으시며 최선을 다하셨고 성불하여 부처가 되신 후에는 중생들을 구제(救濟)하여 영원한 생명을 주시기 위해서 최선을 다하신 것입니다. 부처님의 유해(遺骸)는 부처님의 제자 "아난다"의 지시에 따라 화장(火葬)을 하였습니다. 불자들은 부처님의 시신을 화장(火葬)을 하여 타다 남은 유골(遺骨)을 "진신사리(眞身舍利)"라 말합니다. 때문에 부처님의 사리(舍利)를 서로 취하기 위해서 인도의 각처에 있는 왕들이 몰려와 쟁탈전까지 하게 되었는데 결국은 부처님의 사리를 여덟 나라에 고루 분배를 하기로 타협한 것입니다.

이렇게 분배 받은 부처님의 사리를 각기 자기 고국으로 가지고 가서 사찰이나 탑에 봉안(奉安)하여 오늘날까지 모셔 오고 있는 것입니다. 이렇게 한 줌밖에 안 되는 부처님의 유골(遺骨)은 여덟 나라에 분배되어 지금까지 소장하고 있습니다. 그런데 어느 나라 어느 사찰에 가 보아도 모두 부처님의 진신사리(眞身舍利)를 모셔 놓았다고 말합니다. 그러면 부처님의 사리가 몇 톤으로 불어났단 말인가요? 그보다 부처님이 말씀하시는 진신사리(眞身舍利)의 실체가 무엇인지도 모르고 부처님의 유골을 진신사리라 모시고 있는 것입니다.

그러면 부처님께서 화두(話頭)로 말씀하신 진신사리(眞身舍利)는 무엇을 말씀하고 있는 것일까요? 부처님이 화두(話頭)로 말씀하신 진신사리는 부처님의 유골이 아니라 부처님께서 생전에 중생들에게 가르쳐 주신 말씀(法門)들이 진정한 "진신사리(眞身舍利)"입니다. 즉 부처님께서 중생들에게 주신 사성제(四聖諦), 팔정도(八正道)가 "진신사리"이며 성불의 길을 가르쳐 주신 반야심경(般若心經)과 금강경(金剛經)의 말씀들이 진정한 "진신사리(眞身舍利)"

입니다.

　왜냐하면 부처님의 시신에서 타다 남은 뼛조각은 중생들에게 아무것도 가르쳐 줄 수가 없기 때문입니다. 부처님께서 가르쳐 주신 말씀만이 지금도 우리를 해탈(解脫)로 가는 길을 밝혀 주며 성불(成佛)을 할 수 있도록 도와주십니다. 이와 같이 부처님의 진신사리(眞身舍利)는 불속에서 타다 남은 부처님의 뼛조각들이 아니라 부처님 생전에 불자들에게 가르쳐 주셨던 감로수와 같은 생명의 말씀들을 말합니다. 즉 부처님의 진신사리(眞身舍利)는 부처님이 가르쳐 주신 육바라밀(六波羅蜜)이며, 사성제(四聖諦), 팔정도(八正道)입니다. 그런데 무지(無知)한 불자들은 혜안이 없어 부처님의 진신사리(眞身舍利)를 올바로 보지 못하고 지금도 부처님의 뼈 몇 조각을 모셔 놓고 서로 진신사리라 말하고 있는 것입니다. 때문에 부처님은 임종하시기 직전에 자신의 몸에서 나오는 사리 때문에 분쟁이 일어날 것을 미리 아시고 제자들에게 이러한 말씀을 남기신 것입니다.

"제자들이여! 그대들은 각자 스스로를 등불로 하고 스스로를 의지처로 하라 남을 의지해서는 안 된다. 내 몸을 보고는 그 오예(汚穢: 더러움)를 생각하여 탐(貪)하지 말며 고(苦)도 낙(樂)도 모두가 고(苦)의 인(因)이라고 생각하여 지나치지 말며 내 마음을 관(觀)하고는 그 속에 아(我)가 없음을 생각하여 그것들에게 미혹되어서는 안된다. 그렇게 하면 모든 고(苦)를 끊을 수가 있다. 내가 이 세상을 떠난 뒤에도 이와 같은 가르침을 지킨다면 이 사람이야말로 나의 진실한 제자이다."

부처님은 그의 제자들에게 상기의 말씀을 통해서 너희가 성불을 하려면 내가 가르쳐 준 법문(法

門) 이외에 다른 어떤 사람들의 말도 믿거나 의지하지 말고 네가 받은 법문만을 등불로 삼고 스스로 노력하라고 하십니다. 또한 내 몸(살과 뼈)은 오예(汚穢), 즉 더럽고 추한 것이기 때문에 내가 죽더라도 내 몸(遺骨)을 탐내거나 우상(偶像)시 하지 말라고 엄히 경고를 하신 것입니다. 왜냐하면 정결하고 거룩한 진신사리(眞身舍利)는 부처님 안에 있는 말씀이지 부처님의 육신(살과 뼈)은 중생들과 같이 더럽고 추하기 때문입니다.

부처님 안에 계신 말씀(생명)만이 영원한 진리요 생명이요 진신사리(眞身舍利)입니다. 그럼에도 불구하고 부처님의 더러운 유골(遺骨) 때문에 분쟁까지 하며 불에 타다 남은 유골 몇 조각을 절에다 모셔 놓고 "진신사리(眞身舍利)" 라고 서로 자랑을 하고 있습니다. 부처님께서 임종하시기 전에 내 더러운 몸을 탐하지 말라고 엄히 경고까지 하셨는데

도 말입니다. 문제는 오늘날 전국 어느 사찰(寺刹)을 가 보나 스님들이 사리를 만들어 모셔 놓고 진신사리(眞身舍利)라 말하고 있다는 것입니다. 그 뿐만 아니라 진신사리(眞身舍利)를 만들어 모시고 있는 스님들은 법당(法堂)이나 사찰(寺刹) 안에 사람들이 만든 불상(佛像)을 모셔 놓고 부처님처럼 섬기고 있다는 것입니다. 그러나 사람이 만들어 놓은 불상(佛像)이나 진신사리(眞身舍利)는 불자들에게 아무런 가르침이나 깨달음을 줄 수 없다는 것입니다.

그러므로 오늘날 스님들은 부처님의 사리탑(舍利塔)이나 불상(佛像)을 모셔 놓고 부처님처럼 섬기지 말고 오늘날 진리를 깨달아 성불하신 부처님을 찾아서 모셔야 합니다. 스님들은 오늘날 살아 계신 부처님이 어디 계시냐고 반문하겠지만 부처님은 삼세제불(三世諸佛)로 예전이나 지금이나 앞으로도 영원토록 불자들 주변에 살아 계십니다. 단지 스님들이 혜안(慧眼)이 없어서 살아 계신 부처님을 보지 못할 뿐입니다.

그러므로 부처님께 운수대통(運數大通) 만사형통(萬事亨通)의 복만 받으려 하지 말고 부처님을 친견(親見)하기 위해 기원해야 합니다. 그러면 반드시 오늘날 살아 계신 부처님(생불)을 만나게 될 것입니다. 그러므로 스님들은 물론 불자들도 오늘날 살아 계신 생불을 친견하기 위해 간절히 구하며 기원해야 합니다. 그러면 오늘날 살아 계신 부처님을 친견(親見)할 수 있고 또한 부처님(생불)의 입에서 나오는 진리의 말씀으로 모두 제도(濟度)해 주실 것입니다.

이글을 정독하신 분들은 모두 오늘날 부처님을 만나서 성불(成佛)하시기를 기원하는 바입니다.

반야(般若)의 근본 실체

　부처님께서 반야(般若)는 무엇이라 말씀하고 있으며 또한 반야의 근본 실체는 무엇을 말씀하고 있는 것일까요? 반야심경의 서두에 기록되어 있는 반야(般若)는 화두(話頭)중의 화두로 부처님이 말씀하신 화두(話頭)의 비밀이 이 한 단어 속에 모두 감추어져 있습니다. 때문에 불자들이 반야(般若)를 모르면 경(經)을 아무리 많이 보고, 수지(受持) 독송(讀誦)을 하며 수행을 한다 해도 성불(成佛)할 수가 없습니다. 그러므로 불자들은 설령 부처님의 말씀은 모른다 해도 반야(般若)만은 반드시 알아야 합니다. 산스크릿트어에 반야(prajna)는 혜(慧), 명(明), 지혜(智慧)라는 뜻으로 번역되는데 불교에서는 최상의 지혜라 말하고 있습니다.

그러면 부처님은 반야를 단순한 지혜를 말씀하고 있는 것일까요? 아니면 다른 뜻이 감추어져 있을까요? 문제는 불교인들이 지금까지 혜안(慧眼)이 없어 반야(般若) 너머에 있는 반야의 실체(實體)를 보지 못하고 있다는 것입니다. 부처님은 반야(般若)를 단순한 지혜(智慧)가 아니라 모든 근원의 실체(實體)로 우주 만물을 창조(創造)하시고 주관(主管)하시는 유일신(唯一神) 곧 시대신(是大神)이라 말씀하고 있습니다.

그런데 불자들은 물론 스님들이나 불교(佛敎)학자들도 반야(般若)의 실체를 보지 못하고 불교에는 신(神)이 없다고 신(是大神)의 존재를 부정하고 있다는 것입니다. 왜냐하면 석가모니(釋迦牟尼) 부처님은 그 어떤 신(神)을 의지하거나 아무런 도움도 받지 않고 스스로 깨달아 성불(成佛)하여 부처가 되셨다고 믿고 있기 때문입니다.

그런데 부처님은 깨달아 부처가 되셨다고 주장하고 있을 뿐 부처님이 무엇을 깨달아 어떻게 부처가 되셨는지는 모르고 있다는 것입니다.

부처님이 보리수(菩提樹) 아래서 참선(參禪)을 하시다가 깨달으신 것은 곧 진리(眞理)입니다. 부처님이 진리를 깨달았다는 것은 부처님이 계시기 이전에 진리가 이미 존재하고 있었다는 것입니다. 그러면 부처님이 보고 깨달은 진리는 어떤 말씀을 말씀하고 있는 것일까요? 부처님이 보고 깨달으신 진리는 베다경에 기록된 말씀으로 모세 오경을 말씀하고 있습니다. 왜냐하면 베다경은 부처님이 태어나시기 전 곧 태초(太初)부터 있는 말씀(진리)으로 곧 시대신(是大神)의 말씀이기 때문입니다.

　부처님은 진리를 깨달은 후 반야심경(般若心經)을 통해서 시대신(是大神)을 반야(般若)라고 말씀하고 있습니다. 때문에 부처님은 반야심경을 통해서 반야(般若)는 시대신(是大神)이며 시대명(是大明)이며 시무상(是無上) 시무등등(是無等等) 주(呪)라 말씀하고 있는 것입니다. 이렇게 부처님은 진리를 통해서 우주와 만물을 창조하고 주관하고 계신 시대신(是大神) 곧 창조의 신(神)을 깨닫게 된 것입니다. 그리고 부처님은 자신이 스스로 진리를 깨달아 부처가 된 것이 아니라 반야(般若) 곧 시대신(是大神)의 도우심으로 깨달아 부처(관자재보살)가 되었다고 말씀하고 있습니다.

왜냐하면 부처님은 반야심경(般若心經)을 통해서 행심반야바라밀다시(行深般若波羅蜜多時) 조견오온개공(照見五蘊皆空) 도일체고액(度一切苦厄)을 하여 관자재보살(觀自在菩薩)이 되었다고 말씀하고 있기 때문입니다. 즉 부처님은 반야(般若)를 향해 육바라밀(六波羅蜜)을 열심히 행하고 있을 때 반야(般若)의 도우심으로 자신의 존재(五蘊)가 모두 무상(無常)함을 깨닫고 도일체고액(度一切苦厄)을 하여 관자재보살(觀自在菩薩)이 되었다는 뜻입니다.

이와 같이 부처님이 말씀하고 계신 반야(般若)는 단순한 지혜가 아니라 시대신(是大神)이며 시대명(是大明)이며 시무상(是無上)이신 창조(創造)의 신(神)을 말씀하고 있습니다. 이렇게 부처님은 반야(般若)는 단순한 지혜가 아니라 우주 만물을 창조(創造)하고 주관하시는 시대신(是大神)이라 말씀하고 있는 것입니다. 그리고 시대신주(是大神呪)란 참으로 크신 신(神)의 말씀(진리)이라는 뜻입니다. 이렇게 부처님은 반야(般若)의 도우심으로 진리를 깨달아 해탈(解脫) 성불(成佛)하여 부처가 되신 것입니다.

　그러므로 반야심경(般若心經)이 시작되는 첫 단어가 "반야(般若)"인 것입니다. 그런데 하나님의 말씀이 기록된 성경에도 처음 시작되는 창세기의 첫 단어가 "태초(太初)"인 것입니다. 왜냐하면 반야(般若)는 불경에 기록된 모든 말씀의 근원이고 태초(太初)는 성경에 기록된 모든 말씀의 근원이기 때문입니다. 이렇게 시대신(是大神)은 반야심경은 물론 팔만대장경(八萬大藏經)의 모든 근원이며 태초(太初)는 성경에 기록된 모든 말씀의 근원인 것입니다. 이렇게 반야(般若)와 태초(太初)는 화두(話頭)중의 화두로 수천 년이 지난 지금까지 경속에 깊이 감추어져 있었던 것입니다.

　때문에 불교학자들이나 스님들은 반야(般若)를 단순히 "지혜(智慧)"라 말하며 기독교의 신학자들이나 목사님들은 태초(太初)를 "시작(時作)"이라고 번역을 해 놓은 것입니다. 문제는 부처님의 말씀은 모두 화두(話頭)로 되어 있고 하나님의 말씀 역시 비사(秘辭)로 되어 있기 때문에 혜안(慧眼)이나 영안(靈眼)이 열리지 않으면 반야(般若)나 태초(太初)의 실체를 알 수도 없고 볼 수도 없는 것입니다. 부처님의 말씀이 모두 화두(話頭)라고 말하는 것은 부처님의 진정한 뜻은 모두 말씀 속에 감추어져 있어 혜안(慧眼)이 없으면 육안(肉眼)으로는 볼 수도 알 수도 없기 때문입니다.

　하나님의 말씀 역시 모두 비유(譬喻)와 비사(秘辭)로 기록되어 있어 아직 하나님의 생명으로 거듭나지 못한 자들은 말씀을 아무리 열심히 보아도 말씀의 진정한 뜻을 알 수가 없는 것입니다. 이렇게 부처님의 말씀은 혜안(慧眼)이 열리지 않으면 알 수가 없고 하나님의 말씀 역시 영안(계시의 눈)이 열리지 않으면 알 수도 없고 볼 수도 없는 것입니다. 때문에 법화경(法華經)을 보면 일승인 성문(聲聞)이나 이승인 연각(緣覺)들이 부처님의 설법(說法)을 듣고자 부처님께 간청을 하였으나 안된다고 거절하신 것입니다.

왜냐하면 부처님의 말씀은 삼차원에 있는 삼승(三乘), 즉 보살(菩薩)이 아니면 부처님의 설법을 들을 수 없고 들어도 이해할 수가 없기 때문입니다. 예수님께서 아직 하나님의 생명으로 거듭나지 못한 유대인들(하나님의 백성들)에게 너희는 눈이 있어도 보지 못하고 귀가 있어도 듣지 못한다고 말씀하신 것도 바로 이러한 이유 때문입니다. 그런데 오늘날 혜안(慧眼)이 열리지 않은 스님들이 불경을 아는 것처럼 불자들에게 함부로 설법(說法)을 하고 있으며 또한 아직 영안(靈眼)이 열리지 않은 목사님들이 성경을 보고 아는 것처럼 성경을 왜곡하여 교인들을 가르치며 설교도 하는 것입니다.

　이렇게 말씀의 진정한 뜻을 알지 못하고 자기 생각대로 설법을 하거나 설교를 하는 것은 영혼들을 구원하고 살리는 것이 아니라 오히려 병들게 하고 죽이는 행위입니다. 때문에 구원받아 살아야 할 영혼들이 지금도 병들어 죽어가는 것입니다. 그러므로 설법을 하는 스님들이나 설교를 하는 목사님들은 자신이 먼저 해탈(解脫)이 되고 부활(復活)이 되어야 죽어가는 영혼들을 구원하여 살릴 수 있는 것입니다.

　이렇게 스님들이 성불하여 혜안(慧眼)이 열리면 부처님의 뜻은 물론 반야 너머에 있는 반야의 실체를 분명하게 알게 될 것이며 죽어가는 영혼들도 살리게 되는 것입니다. 부처님이 깨달아 성불(成佛)하신 후에 가장 먼저 말씀하신 것이 반야(般若)인 것입니다. 왜냐하면 부처님이 수억 겁을 온갖 고행과 수많은 가르침을 받으며 정진 수행(精進 修行)을 하였지만 결국 진리를 깨달아 성불하게 된 것은 반야(般若) 곧 시대신(是大神)의 도움으로 깨달아 부처가 되었기 때문입니다.

그래서 부처님은 진리를 깨닫고 반야(般若)는 시대신주(是大神呪)요 시대명주(是大明呪)요 시무상주(是無上呪)요 시무등등주(是無等等呪)라고 말씀하신 것입니다. 부처님이 말씀하신 시대신(是大神)은 참으로 큰 신(神)을 말하며 시대명(是大明)은 참으로 밝은 빛을 말하며 시무상(是無上)은 이 보다 더 높은 신(神)은 없다는 뜻이며 시무등등(是無等等)이란 시대신(是大神)과 비교할 수 있는 그 어떤 신(神)도 없는 유일무이(唯一無二)한 신(神)이라는 뜻입니다. 부처님의 말씀과 같이 시대신(是大神)은 우주 만물을 창조하시고 주관하시는 유일신(唯一神), 즉 창조주(創造主) 하나님을 말씀하고 있는데 이 하나님을 불교에서는 불(佛) 혹은 반야(般若)라 말하는 것이며 천주교에서는 천주님이라 부르며 이슬람교에서는 "알라(Allah)"라 말하며 흰두교에서는 "브라만(Brahman)"이라 말하는 것이며 무속(巫俗)인들은 천지신명(天地神明)이라 부르는 것입니다.

이렇게 시대신(是大神)은 부르는 명칭(名稱)만 다르지 천지(天地)와 만물(萬物)을 창조(創造)하시고 주관(主管)하시는 근원적(根源的) 신(神)은 오직 한 분이십니다. 그런데 문제는 시대신(是大神)이신 창조주(創造主) 하나님을 종교 지도자들이 부패하게 되면서 각기 자기 종교와 자기 신(神)을 만들어 놓고 자기 신(神)만이 참 신이라 주장을 하고 있는 것입니다. 그보다 더 심각한 문제는 불교는 신(神) 자체가 없다고 부정을 하고 있다는 것입니다. 때문에 석가모니 부처님은 신이 아니라 인간이라 말하는 것입니다. 그러나 불교에 신(神)이 없다거나 부처님을 신(神)이 아니라고 부정하는 것은 마치 자신을 낳아주고 길러준 부모가 없다거나 자기 부모가 아니라고 부정하는 것과 같은 행위입니다.

그리고 부처님이 신(神)이 아니라 인간이라면 불자들은 자신과 동일한 인간을 길흉화복(吉凶禍福)을 주관하는 신(神)처럼 믿고 섬기고 있다는 것입니다. 이렇게 불교에서 신이 없다고 부정을 하고 있는 것이나 부처님을 인간으로 격하(格下)시키는 것은 부처님을 모독(冒瀆)하는 행위이며 시대신(是大神)에게 큰 죄를 범하고 있는 것입니다. 때문에 기독교를 비롯한 타 종교인들이 부처님은 신이 아니라 중생들의 좋은 스승일 뿐이며 따라서 불교는 종교가 아니라 철학(哲學)이라 말하는 것입니다. 그러므로 불교인들은 반야심경(般若心經)에 담긴 부처님의 뜻을 올바로 알고 반야(般若)를 시대신(是大神)으로 믿고 섬겨야 하며 부처님도 인간이 아닌 신(神)으로 모셔야 합니다.

왜냐하면 석가모니 부처님은 시대신(是大神)에 의해 깨닫고 신(神)으로부터 낳음을 받은 신(神)의 아들이기 때문입니다. 그러므로 오늘날 불자들은 지금까지 부처님을 인간으로 격하(格下)시킨 죄를 참회(懺悔)하고 이제부터라도 부처님을 신(神)으로 믿고 섬겨야 하며 또한 부처님께서 하신 말씀들도 모두 신(神)의 말씀으로 듣고 영접(迎接)해야 합니다. 그러면 오늘날 불자들도 반야(般若) 곧 시대신(是大神)께서 도와 주셔서 언젠가는 진리를 깨달아 성불(成佛)하여 부처가 될 날이 올 것입니다.

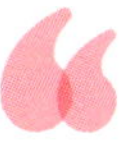

천상천하 유아독존
(天上天下 唯我獨尊)

　불자들은 부처님께서 이 세상에 태어나실 때 나는 천상천하 유아독존(天上天下 唯我獨尊)이라는 말씀을 하셨다고 믿고 있습니다. 오늘날 불자들은 부처님께서 천상천하 유아독존(天上天下 唯我獨尊)이라고 하신 말씀을 "나는 하늘 위에나 하늘 아래에 오직 하나밖에 없는 가장 위대한 존재다."라는 뜻으로 알고 있습니다. 때문에 불자들이 부처님은 천지(天地) 곧 하늘과 땅에 가장 뛰어나고 위대한 성자(聖者)로 경외하며 섬기고 있는 것입니다. 그런데 문제는 부처님께서 천상천하 유아독존(天上天下 唯我獨尊)이라고 하신 말씀은 그런 뜻이 아니며 또한 어머니의 태에서 나올 때 하신 말씀도 아니라는 것입니다. 불경(佛經)을 보면 부처님은 어머니 태에서 나오자마자 사방(동서남북)으로 일곱 걸음씩 걸으며 오른손으로 하늘을 왼손으로 땅을 가리키며 천상천하 유아독존(天上天下 唯我獨尊)이라 말씀하시면서 삼계개고 아당안지(三界皆苦 我當安之), 즉 "온 세상이 모두 고통 속에 잠겨 있으니 내가 모두 편안케 하리라"고 외쳤다고 합니다. 그러자 하늘과 땅이 진동을 하며 하늘에서는 꽃비가 내리고 천신(天神)들이 하늘에서 내려와 태자(太子)에게 경배(敬拜) 하였으며 태자(太子)가 걸었던 발자국마다 연꽃이 피어올랐다고 합니다.

그리고 연못 속에서 두 마리의 용이 올라와 그 입

으로 따뜻한 물을 뿜어 갓 태어난 아이의 몸을 씻겨 주었다고 합니다. 때문에 스님들은 물론 불자들도 부처님에게 일어났던 신화(神話)와 같이 신비스러운 사건들이 모두 사실이라 믿어오고 있습니다. 만일 부처님이 어머니의 태에서 나올 때 인간의 몸으로 태어난 것이 아니라 부처님의 몸이나 신(神)의 몸으로 태어났다면 이러한 일들이 가능할 수도 있습니다. 그러나 불교에는 신(神) 자체를 부정하기 때문에 부처님은 신(神)으로 태어날 수가 없으며 또한 부처님은 인간으로 태어나 진리를 깨달아 부처가 된 분이십니다. 때문에 부처님에게 이렇게 불가사의(不可思議)한 일들은 일어날 수가 없는 것입니다.

부처님이 태어날 때 부처로 태어났다면 부처님께서 무엇 때문에 무엇이 부족하여 출가(出家)를 하셨고 성인들을 찾아가 가르침을 받아 가며 그렇에 힘든 고행과 정진(精進)을 하면서 진리를 깨달아 부처가 되었느냐 하는 것입니다. 불경은 부처님께서 본래 중생들과 같이 인간의 몸으로 태어나셨기 때문에 생로병사(生老病死)의 윤회(輪廻)에서 벗어나 부처가 되기 위해 출가(出家)를 하였고 모진 고행과 참선(參禪)을 하시다가 진리를 깨달아 부처가 되셨다고 말씀하고 있습니다.

이와 같이 부처님은 어미에서 태어날 때는 우리와 같은 중생의 몸으로 태어나셨고, 출가하신 후 35세에 깨달아 부처가 되신 것입니다. 그런데 불교는 이러한 사실을 왜곡(歪曲)하여 석가모니(釋迦牟尼) 부처님은 어미의 태에서 나올 때부터 부처로 태어나셨다고 주장을 하고 있는 것입니다. 만일 부처님이 어머니의 태에서 나올 때 부처로 태어났거나 큰 청년으로 태어났다면 이런 기이(奇異)한 일들이 가능할 수도 있습니다. 그러나 부처님(싯다르타)이 태자로 태어날 때는 중생들과 같은 인간의 몸으로 태어나신 것입니다.

　그런데 이렇게 갓 태어난 어린아이가 어떻게 일어나 걸을 수가 있으며 또한 말 한마디 못하는 갓난아이가 어떻게 천상천하 유아독존(天上天下 唯我獨尊)이라는 말을 할 수 있는가 하는 것입니다.

　불경(佛經)은 부처님께서 궁궐에서 태자로 태어나서 생로병사(生老病死) 곧 사람이 태어나서 늙고 병들고 죽는다는 것을 알고 고민을 하다가 생로병사(生老病死)의 윤회(輪廻)에서 벗어나기 위해 29세에 출가(出家)를 하셨고, 출가하여 수많은 고행을 하시다가 35세에 보리수(菩提樹)나무 아래서 깨달음을 얻어 부처가 되었다고 기록되어 있습니다. 그러므로 부처님이 천상천하 유아독존(天上天下 唯我獨尊)이라고 말씀하신 것은 어머니의 태에서 육신의 몸이 태어날 때 하신 말씀이 아니라 출가(出家)

하여 35세가 되던 해 보리수(菩提樹)나무 아래서 깨달아 부처가 되신 후에 하신 말씀입니다. 그리고 천상천하 유아독존(天上天下 唯我獨尊)이라고 하신 말씀도 내가 하늘 위나 하늘 아래서 제일 위대하다고 하신 말씀이 아니라, 내가 깨달아 부처가 되고 보니 이 세상에 깨달은 부처가 하나도 없는 것을 아시고 자신이 이 세상에서 가장 외롭고 고독하다는 뜻으로 하신 말씀입니다. 이렇게 부처님께 일어났던 사건이나 부처님이 하신 이러한 말씀들은 모두 화두(話頭)이기 때문에 부처님과 같이 진리를 깨달아 혜안(慧眼)이 열린 부처님이 아니면 알 수가 없는 것입니다.

그러므로 부처님께 일어났던 이러한 기이(奇異)한 사건이나 말씀들은 스님들이 부처님을 미화(美化)시켜 더욱 위대하게 만들어 무명의 중생들이 더욱 존경하고 경외하도록 하려고 만들어낸 신화(神

話)이며 우화(寓話) 같은 이야기들입니다. 불자들은 이러한 사실을 모르기 때문에 오늘날 스님들이나 불자들은 부처님(싯다르타 태자)이 어미의 태에서 육신의 몸이 태어난 4월 8일을 석가탄일(釋迦誕日)이라고 해마다 경축행사(慶祝行事)를 하고 있는 것입니다.

그러나 싯다르타 태자(太子)가 부처님(싯다르타)으로 태어나신 날은 육신이 어미의 태에서 태어난 4월 8일이 아니라 출가(出家)하여 35세가 되던 해 보리수(菩提樹)나무 아래서 성불(成佛)하여 부처가 되신 12월 8일이 진정한 부처님의 탄생일입니다. 즉 4월 8일은 태자(싯다르타)의 육신이 태어난 생일(生日)이고 부처님이 태어나신 석가탄일(釋迦誕日)은 35세에 보리수(菩提樹)나무 아래서 진리를 깨달아 부처가 되신 12월 8일입니다. 그러므로 오늘날 불자들은 부처님이 육신으로 태어난 4월 8일을 석가탄일(釋迦誕日)로 경축(慶祝)할 것이 아니라 진리를 깨달아 부처님으로 태어나신 12월 8일을 석가탄일(釋迦誕日)로 축하(祝賀)해야 합니다.

그러나 오늘날 스님들이나 불자들은 지금까지 지켜온 불교의 전통적인 교리(教理)와 제도(制度)의 틀 속에 갇혀 있기 때문에 이러한 사실들을 올바로 알려주어도 듣거나 받아들이지도 않고 오히려 배척(排斥)을 하고 있는 것입니다. 그러나 부처님을 믿고 부처님의 가르침을 따르는 진정한 스님들이나 불자들이라면 이러한 말씀들을 모두 믿고 받아들여야 합니다. 오늘날 스님들이나 불자들이 심히 안타까운 것은 사찰(寺刹)이나 법당(法堂)에 사람들이 만들어 놓은 불상(佛像)을 부처님으로 정성껏 모시며 섬기고 있지만, 오늘날 진리를 깨달은 생불(生佛)이 찾아가면 모두 멸시(蔑視)와 천대(賤待)를 하며 상종(相從)도 하지 않는다는 것입니다.

왜냐하면 지금까지 스님들이 듣고 배워서 알고 지키는 불교의 교리(敎理)나 각종 제도(制度)는 오늘날 생불(生佛)이 하시는 말씀과 너무나 다르기 때문입니다. 그러나 부처님을 믿고 부처님의 말씀을 따르는 스님들이라면 오늘날 살아 계신 생불(生佛)의 말씀을 들어야 합니다. 왜냐하면 오늘날 살아 계신 생불의 말씀을 들어야 무명에서 벗어나 열반에 이를 수가 있기 때문입니다. 만일 스님들이나 불자들이 오늘날 살아 계신 생불(生佛)을 믿고 그 입에서 나오는 말씀을 받아들이고 올바른 수행을 한다면 불교(佛敎)의 교리(敎理)와 제도(制度)의 틀에서 벗어나 깨달아 부처가 될 것입니다.

그러나 지금도 스님들이나 불자들은 오늘날 생불(生佛)이 존재(存在)한다는 그 자체를 믿지 않으며 부처님은 오직 석가모니(釋迦牟尼) 부처님 한 분 뿐이라고 말하고 있습니다. 그러나 이 세상에 살아

계신 생불(生佛)이 없다면 불자들이 해탈(解脫)이
나 성불(成佛)은 물론 구원조차 받을 수 없다는 것
을 알아야 합니다. 부처님은 삼세제불(三世諸佛)로
전세(前世)나 현세(現世)나 내세(來世)에도 언제나
항상 계십니다. 때문에 오늘날 생불(生佛)의 말씀에
한 번쯤은 귀를 기울여 들어 보아야 합니다. 왜냐하
면 중생들이 구원을 받아 극락(極樂)을 가고 지옥
(地獄)에 가는 것이 모두 생불(生佛)의 말씀에 달려
있기 때문입니다.

그러므로 오늘날 불자들은 지금까지 쌓아 놓은
"알음알이", 즉 고정관념(固定觀念)을 모두 내려놓
고 오늘날 살아 계신 생불(生佛)을 믿고, 그 입에서
나오는 감로수(甘露水)와 같은 생명의 말씀을 들어
야 합니다. 그러면 부처님의 가피(加被)로 큰 은혜
를 받아 오늘날 생불(生佛)을 친견(親見)하게 될 것
이며 성불(成佛)의 길도 분명하게 알게 될 것입니

다. 오늘날 생불(生佛)은 지금도 불교(佛教)와 사찰
(寺刹) 주변을 외롭게 배회(徘徊)하시며 천상천하
유아독존(天上天下 唯我獨尊)이라 말씀하고 있습니
다. 그러므로 오늘날 불자들은 지금이라도 불교의
교리(教理)와 의식(儀式)의 틀에서 하루속히 벗어나
오늘날 생불(生佛)을 찾아가야 합니다.

미륵불(彌勒佛)과
삼세제불(三世諸佛)

미륵불(彌勒佛)은 어떤 부처님이며 삼세제불(三世諸佛)은 어떤 부처님을 말하는 것일까요? 오늘날 불자들은 지금까지 사찰에 모셔 놓은 각종 불상(佛像)들을 부처님이라 믿고 섬기고 있을 뿐 미륵불(彌勒佛)이 어떤 부처님이며 삼세제불(三世諸佛)은 어떤 부처님인지 조차도 모르고 있습니다. 왜냐하면 부처님이 오신지 이천 육백 년이 지난 지금까지 미륵불이나 삼세제불은 스님들을 통해서 듣기는 했지만 한 번도 본적이 없기 때문입니다.

  그러면 미륵불(彌勒佛)은 어떤 부처님이며 삼세제불(三世諸佛)은 어떤 부처님일까요? 미륵불은 앞으로 다시 오신다는 미래의 부처님을 말하며 삼세제불은 삼세(三世) 곧 과거세나 현세나 미래세에도 항상 계신 부처님을 말합니다. 그런데 다시 오신다는 미륵불은 지금까지 무엇 때문에 오시지 않으며 삼세(三世)에 항상 계신다는 삼세제불은 지금 어디 계신단 말인가요? 불자들이 지금까지 불상(佛像) 곧 부처님의 생전에 모습을 돌이나 금속 혹은 나무에 담아 부처님을 만들어 섬기고 있는 것은 생불(生佛) 곧 살아 계신 부처님이 없기 때문입니다.

  이렇게 오늘날 살아 계신 부처님이 없기 때문에 스님들이 사찰 안에 각종 불상(佛像)을 만들어 놓고 부처님으로 섬기고 있는데 심지어 법당(法堂)에 부처님의 모습을 담은 그림 곧 탱화(幀畵)까지 모셔 놓고 부처님처럼 섬기고 있는 것입니다. 그러나 사람들이 만들어 놓은 불상(佛像)이나 손으로 그려 놓은 탱화(幀畵)는 사람의 손으로 만든 조각품(彫刻品)이며 그림일 뿐 불자들을 제도(濟度)하거나 복을 주지 못하는 것은 물론 불자들에게 말 한마디도 하지 못합니다.

문제는 생불(生佛) 곧 살아 계신 부처님이 없기 때문에 우리나라는 물론 부처님을 믿고 섬기는 나라는 어느 국가 어느 도시를 막론하고 각종 불상(佛像)을 만들어 모셔 놓고 지극정성(至極精誠)으로 섬기고 있다는 것입니다. 만일 미륵불이 이미 오셔서 계시거나 삼세제불이 지금 존재한다면 스님들은 굳이 불상(佛像)을 만들어 법당(法堂)에 모셔 놓을 필요가 없고 또한 불상을 부처님처럼 섬기지도 않을 것입니다.

이렇게 스님들이 만들어 놓은 불상들은 불자들에게 복을 주지 못하는 것은 물론 무명(無明)으로 병들어 죽어가는 중생들을 제도(濟度:구원)하거나 영원한 생명을 줄 수가 없습니다. 이와 같이 무명(無明)의 중생(衆生)들을 올바로 제도하여 영원한 생명을 줄 수 있는 부처님은 오직 살아 계신 부처님 곧 생불(生佛)이며 사람들이 만들어 놓은 불상(佛像)은 아무것도 할 수 없다는 것을 알아야 합니다. 때문에 불자들은 말 한마디 못하고 외눈하나 깜박이지 못하는 불상(佛像)을 섬기지 말고 오늘날 살아 계신 부처님을 찾아서 믿고 섬겨야 합니다.

그런데 오늘날의 생불(生佛) 곧 살아 계신 부처님이 어디 계시느냐 하는 것입니다. 만일 오늘날 살아 계신 부처님이 계시다면 지금 어디 계시며 무엇을 하고 계신단 말인가요? 그런데 부처님의 말씀이 기록되어 있는 불경에는 삼세제불(三世諸佛) 곧 살아 계신 부처님은 전생(前生)이나 현생(現生)이나 내생(來生)에도 영원토록 항상 계시다고 말씀하고 있습니다. 단지 오늘날 스님들이나 불자들이 혜안(慧眼)이 없어 오늘날 살아 계신 부처님을 보지 못하고 있을 뿐입니다.

그보다 더 심각한 문제는 오늘날 살아 계신 부처님이 계신다 해도 부처님의 입에서 나오는 말씀이 불교(佛教)의 전통(傳統) 교리와 다르다는 이유로 이단(異端)시 하며 배척(排斥)을 한다는 것입니다. 그러나 오늘날 불자들이 살고 죽는 것은 오직 생불(生佛)의 입에서 나오는 감로수(甘露水)와 같은 생명의 말씀이며, 사람들이 만들어 놓은 불상(佛像)이나 스님들의 입에서 나오는 말씀은 아무것도 할 수 없다는 것을 알아야 합니다.

그러므로 오늘날 스님들이나 불자들은 오늘날 살

아 계신 부처님을 찾아 친견(親見)하기 위해 부처님
께 간절한 마음으로 기도를 해야 합니다. 그러면 부
처님의 가피(加被)로 언젠가는 오늘날 살아 계신 부
처님을 만나게 될 것입니다. 기록자는 오늘날 부처
님의 각종 형상을 만들어 섬기고 있는 불자들에게
조금이라도 도움이 될까하여 "부처님과 석공(石工)
이야기"를 소개하려 합니다. 왜냐하면 지금 불상(佛
像)을 만들어 섬기고 있는 스님들이나 불자들이 이
글을 읽어 보신다면, 사람이 만들어 놓은 불상을 섬
기지 않게 되는 것은 물론 신앙생활에 많은 도움이
될 수 있다고 생각하기 때문입니다.

부처님과 석공(石工) 이야기

　어느 깊은 산 시골 마을 어귀에 바위 하나가 놓여 있는데 이 바위는 시골 아낙네들이 앉아서 쉬기도 하고 때로는 개들이 지나가다 바위에 한쪽 다리를 들고 오줌을 싸는가 하면 날아가는 새들도 바위에 앉아 쉬었다가 오물(汚物)을 쌓아 놓기도 하는 바위입니다. 그런데 그 길을 지나던 나그네가 바위를 물끄러미 바라보다가 메고 있던 보따리에서 돌을 깨는 정과 망치를 꺼내 바위를 조금씩 찍어 내려가는데 어느새 바위 위에 부처님의 형상이 나타났고 해

는 서산에 저물어 갔습니다. 사람들이 걸터앉아 쉬어 가기도 하고 개들과 새들이 오줌똥을 싸던 바위가 급기야 부처님으로 변한 것입니다. 바위에 정으로 쪼아 부처님의 형상(形像)을 만든 나그네는 산 넘어 어느 마을에 사는 석공(石工)이었습니다.

그 석공은 바위 위에 새겨진 부처님의 형상을 바라보고 만족스러운 듯 잠시 미소를 지으며 그곳을 떠나갔습니다. 그런데 그 다음날 동네 아낙네 들이 바위에 새겨 놓은 부처님을 보고 깜짝 놀라며 바위에 부처님이 나타나셨다고 모두 절을 하며 야단법석(野壇法席)을 떠는 것입니다. 그때부터 그 바위는 부처님이 되어 동네 사람들에게 공경(恭敬)을 받게 되었으며 마을 사람들은 그 부처님을 지극정성(至極精誠)으로 모시며 공양(供養)까지 드리는 부처님이 된 것입니다.

그런데 몇 달이 지난 후 그 석공(石工)이 그곳을 지나가게 되었는데, 마을 사람들은 자신이 바위에 새겨 놓은 부처님께 절을 하며 공경을 하는 것입니다. 그런데 부처님을 만들어 놓은 자신은 몰라볼 뿐만 아니라 외지(外地)인이라고 냉대까지 하는 것입니다. 화가 난 석공(石工)은 날이 저물기를 기다렸다가 걸망태에서 정을 꺼내가지고 바위 위에 새겨진 부처님의 상(像)을 모두 지워 버렸습니다. 이튿날 마을 사람들은 바위에 계시던 부처님이 없어진 것을 보고 대성통곡을 하며 이구동성(異口同聲)으로 어떤 못된 놈이 부처님을 없애 버렸냐고 욕설을 퍼붓는 것입니다. 며칠이 지난 후에 이 소식을 들은 석공(石工)은 마음이 몹시 괴로웠습니다.

석공(石工)은 며칠 동안 고민에 잠겨 곰곰이 생각을 하다가 내가 그곳에 다시 가서 바위에 부처님의 형상을 새겨 놓을 것이 아니라 이제는 아예 바위를

조각하여 부처님을 만들어서 사람들의 마음을 달래
주어야 하겠다고 마음을 먹은 것입니다. 그 후 며칠
이 지났을 때 그 바위는 인자(仁慈)한 모습으로 미
소를 짓고 있는 부처님으로 탄생하게 되었습니다.

동네 사람들은 부처님으로 변한 바위를 보고 놀
라며 부처님의 형상이 없어지더니 이제 진짜 부처
님이 나타나셨다고 모두 기뻐하며 다시 난리법석을
떠는 것입니다. 마을 사람들은 우리 마을에 경사가
났다고 좋아하며 서로 질세라 석공이 만들어 놓은
불상(佛像) 앞에 떡과 과일과 곡식을 올려놓고 절을
하며 이제 우리에게 부처님이 오셨으니 우리 마을
사람들을 지켜주시고 복을 주신다고 덩실덩실 춤까
지 추어 가며 좋아하는 것입니다.

며칠이 지난 후 석공은 자신이 공을 들여 만들어
놓은 부처님이 궁금하여 그곳을 가보니 사람들이

그 불상 앞에 모여 과일과 떡으로 공양을 올리며 정성스럽에 절을 하고 있는 것입니다. 석공은 자신이 만들어 놓은 불상 앞에 공양을 드리며 절을 하는 사람들을 사람들 뒤편에 서서 바라보고 마음이 기뻤습니다. 그런데 석공의 기쁨은 잠시였고 석공은 "내가 공을 들여 부처님을 만들어 주었는데 내게는 절도 하지 않고 떡고물 하나도 주지 않네" 하며 은근히 마음이 상하기 시작하였습니다. 석공(石工)은 다혈질(多血質)인데다가 불의(不義)를 보면 참지 못하는 성격의 소유자였습니다. 이 광경을 바라만 보고 있던 석공(石工)은 화가 조금씩 치밀어 오르기 시작하더니 급기야 사람들을 헤치고 불상(佛像) 앞으로 달려가 망치로 불상의 목을 치니 부처님의 머리가 땅에 굴러 떨어진 것입니다. 주변에서 그 광경을 바라보던 사람들은 놀라서 비명을 지르며 석공을 향해 온갖 욕설을 퍼부으며 저주까지 하는데 석공은 오히려 큰 소리를 치며 이렇게 말하는 것입니다.

“이 부처는 내가 바위를 조각하여 만들어 놓은 조각품(彫刻品)인데 이게 무슨 부처입니까? 이 불상이 부처라면 나는 부처를 만들기도 하고 한순간에 부숴 버리기도 하는 사람입니다. 그러면 이 돌부처가 위대 합니까? 돌부처를 만들기도 하고 부숴버리기도 하는 내가 더 위대합니까? 그런데 내게는 절도 하지 않고 공양(供養)을 올리지 않는 것은 고사하고 떡고물 하나도 주지 않아 화가 나서 부처님의 머리를 쳐버린 것입니다. 여러분 할 말이 있으면 해 보세요”라고 외치는 것입니다.

석공을 향해 온갖 욕을 퍼붓던 사람들이 석공(石工)의 말을 들어보니 석공의 말이 맞는 지라. 석공의 말을 들은 사람들은 마음속으로 “맞어! 돌부처보다 부처를 만든 석공이 더 위대하지”하며 말없이 모두 흩어져 집으로 돌아가는 것입니다.

이상의 이 글은 마치 우화(寓話)와 같이 들리겠지만 오늘날 불자들은 이 이야기를 통해서 많은 것을 생각하고 자신들의 신앙을 돌아보아야 합니다. 왜냐하면 오늘날 불자들은 부처님의 형상이나 그림만 보아도 무조건 엎드려 절을 하며 손을 비벼가며 복을 받으려고 빌고 있기 때문입니다. 이러한 행위는 부처님을 믿는 것이 아니라 우상(偶像)을 믿은 무속(巫俗) 신앙입니다.

불자들이 반드시 알아야 할 것은 아무리 유명한 석공(石工)이나 조각가(彫刻家)가 공을 들여 부처님을 아름답게 만들어 놓았다 해도 그 부처님은 조각가가 만든 조각품(彫刻品)일 뿐이며 또한 아무리 유명한 화가(畫家)가 부처님의 형상을 아름답게 그려 놓아도 그림일 뿐입니다.

그림의 떡은 아무리 먹음직스러워도 먹을 수 없

듯이 생명이나 진리가 없는 그림 속의 부처나 돌로 조각(彫刻)하여 만들어 놓은 불상(佛像)들은 생명이나 능력이 없기 때문에 불자들에게 복이나 아무런 가르침도 줄 수가 없다는 것을 알아야 합니다. 이렇게 사람들이 만들어 놓은 부처님은 지금이라도 깨어버리거나 그림들을 찢어 버리면 한낱 쓰레기에 불과한 것입니다. 그러므로 불자들은 이제 우상 신앙에서 벗어나 오늘날 살아 계신 부처님 곧 생불(生佛)을 찾아서 믿고 섬기며 그의 가르침을 받아야 합니다. 오늘날의 생불 곧 진리를 깨달아 성불하신 부처님은 지금도 우리 주변에서 병들어 죽어가는 영혼을 구원하고 살려서 부처를 만들고 있습니다.

그러므로 오늘날 스님들이나 불자들은 불상이나 탱화를 만들어 섬길 것이 아니라 오늘날 진리를 깨달아 성불하신 부처님을 찾아서 그 입에서 나오는 감로수와 같은 말씀을 날마다 받아먹어야 합니다.

그러면 오늘날 불자들도 언젠가는 진리를 깨달아 부처가 될 것입니다. 이상과 같이 오늘날 스님들이나 불자들은 기복(祈福)과 우상(偶像) 신앙에서 하루속히 벗어나 오늘날 살아 계신 부처님을 찾고 진리의 말씀을 찾아야 합니다. 불자들이 오늘날 생불(生佛) 곧 살아 계신 부처님을 간절한 마음으로 기도하며 구하고 찾는다면 언젠가는 반드시 생불(生佛)을 만나게 될 것입니다. 왜냐하면 삼세제불(三世諸佛)은 과거세나 현세나 미래세에 항상 계신 것과 같이 오늘날 살아 계신 생불(生佛)은 여러분 곁에 항상 계시기 때문입니다.

단지 불자들이 혜안(慧眼)이 없어 오늘날 살아 계신 생불이 앞에 계셔도 보지 못하고 있을 뿐입니다. 오늘날 살아 계신 부처님은 지금 이 순간에도 불자들에게 각종 불교 의식과 기복(祈福)과 우상(偶像) 신앙에서 하루속히 벗어나 성불하신 부처님을 찾아가라고 말씀하고 있습니다. 부처님은 지금도 무명(無明)의 중생들이 하루속히 우상(偶像)과 기복(祈福) 신앙에서 벗어나 부처님께 돌아오기를 기다리고 계십니다.

기록자는 이 글을 부처님의 말씀으로 믿고 정독하신 분들은 모두 오늘날 살아 계신 부처님을 만나 해탈(解脫) 성불(成佛)하여 부처가 되시기를 기원하는 바입니다.

보리수(菩提樹)의 실체

　석가모니(釋迦牟尼) 부처님이 보리수(菩提樹)나무 아래서 정각(正覺)을 이루었다는 보리수(菩提樹)나무는 어떤 나무이며 그 나무의 실체(實體)는 과연 무엇일까요? 보리수(菩提樹)는 산스크리스트어로 보디 드루마(bodhi druma)로 기록되어 있으며 뜻은 도수(道樹) 혹은 각수(覺樹)라는 의미입니다. 즉 보리수(菩提樹)는 "진리의 나무" 또는 "깨달은 나무"라는 뜻입니다. 그러면 나무도 모두 동일한 나무가 아니라 깨달은 나무가 있고 진리의 나무가 있다는 것입니다. 이 말은 나무도 깨달아 진리의 나무가 될 수 있다는 뜻으로 생각할 수도 있습니다.

그러나 나무는 나무일 뿐 나무가 진리를 깨닫거나 나무속에 진리가 들어 있다고 생각하는 사람은 아무도 없습니다. 문제는 부처님께서 온갖 수행을 하시면서 수많은 스승을 찾아다니며 가르침을 받았지만 깨달음에 이르지 못했는데, 보리수(菩提樹) 아래서 참선(參禪) 수행을 하였을 때 정각(正覺)을 이루어 부처가 되셨다는 것입니다. 이 말은 부처님이 만일 보리수(菩提樹)가 아닌 다른 나무 아래서 수행을 하셨다면 깨닫지 못했다는 뜻입니다.

결국 부처님을 깨닫게 하여 부처를 만든 나무가 곧 보리수(菩提樹)였다는 것입니다. 그러면 부처님을 깨닫게 한 보리수(菩提樹)의 실체(實體)는 무엇이며 보리수(菩提樹) 속에 감추어진 화두(話頭)의 비밀은 과연 무엇일까요? 보리수(菩提樹)의 실체는 부처님이 오신 지 이천 육백 년이 지난 지금까지 밝히 드러내는 사람이 없어 아직도 모르고 있다는 것입니다.

왜냐하면 보리수의 실체는 석가모니(釋迦牟尼) 부처님과 또한 석가모니 부처님과 같이 오늘날 깨달은 생불(生佛)만이 아는 비밀이기 때문입니다. 이 말은 보리수 속에 감추어져 있는 화두(話頭)의 비밀은 석가모니(釋迦牟尼) 부처님과 같이 오늘날의 보리수(菩提樹) 아래서 깨달은 부처님이 아니면 알 수가 없다는 뜻입니다. 그런데 더욱 심각한 문제는 오늘날 스님들이나 불자들이 보리수(菩提樹)가 무엇이라는 것을 알려고도 하지 않을 뿐만 아니라 올바로 알려 주어도 믿지 않는다는 것입니다.

그러므로 보리수(菩提樹)의 실체를 드러내어도

아무런 소용이 없고 오히려 비난과 핍박만 있을 뿐입니다. 그러나 아무리 핍박을 받아도 거짓은 거짓으로 드러나야 하며, 진실은 반드시 진실로 드러내야 한다고 생각합니다. 그래서 지금까지 감추어져 있던 보리수(菩提樹)의 실체에 대하여 밝히 드러내려는 것입니다. 이렇게 기이(奇異)한 일들은 불교뿐만 아니라 기독교에도 동일하게 있는 일들인데 기독교는 처녀 마리아가 남자의 씨를 받지 않고 성령으로 잉태하여 예수가 태어났다는 것이며 또한 불교는 부처님이 태어나자마자 한손은 하늘을 또 한손은 땅을 가리키면서 좌우사방을 걸으며 천상천하(天上天下) 유아독존(唯我獨尊)이라고 말을 했다는 신화적(神話的) 사건들입니다. 그런데 불교인들이나 기독교인들은 이렇게 불가사의(不可思議)한 사건들을 조금도 의심하지 않고 지금까지 믿어 오고 있다는 것입니다.

　문제는 만일 예수님이 처녀의 몸에 성령이 잉태되어 아이가 태어났다면 지금도 처녀의 몸에 성령이 잉태되어 하나님의 아들이 태어나야 하며 또한 부처님이 보리수나무 아래 앉아 수행하다가 깨달아 부처가 되었다면 오늘날 스님들도 보리수(菩提樹)나무 아래서 참선(參禪) 수행을 하면 깨달아 부처가 되어야 합니다.

　그런데 이렇게 불가사의(不可思議)한 일은 오직 예수님과 부처님에게만 일어났던 일이며 지금까지 단 한사람에게도 일어나지 않았다는 사실입니다. 이러한 일들은 불경에 기록된 말씀들이 모두 화두(話頭)로 되어 있고 성경에 기록된 말씀이 모두 비유(譬喩)와 비사(比辭)로 기록되어 있기 때문에 아직 혜안(慧眼)이 열리지 않은 무명(無明)의 중생들은 알 수가 없다는 것입니다. 성경을 보면 예수님께서 그의 제자들에게 나는 포도나무요 너희는 가지라고 말씀하셨습니다. 그런데 포도나무가 예수님이라고 믿는 기독교인은 하나도 없습니다.

이렇게 포도나무도 보리수나무도 예수님과 부처님을 비유(譬喩)와 화두(話頭)로 말씀하신 것이지 나무가 아니라는 것입니다. 이와 같이 보리수(菩提樹)는 나무가 아니라 당시 깨달은 부처님을 화두(話頭)로 말씀하신 것입니다. 왜냐하면 진리는 지정의(知情意)를 가진 사람만이 깨달을 수가 있지 나무는 깨달을 수가 없기 때문입니다. 그러므로 부처님이 앉아 계시던 보리수(菩提樹)는 나무가 아니라 그 당시 깨달은 생불(生佛)을 화두(話頭)로 말씀하신 것입니다. 즉 부처님은 당시 깨달은 부처님 아래서 수행을 하였기 때문에 부처님의 도우심으로 정각(正覺)을 이루어 부처가 되신 것입니다.

이와 같이 보리수(菩提樹)는 나무가 아니라 생불

(生佛)을 말하며 부처님은 당시의 생불(生佛)을 보리수(菩提樹)라고 화두(話頭)로 말씀하신 것입니다. 왜냐하면 부처님께서 반야심경(般若心經)을 통하여 내가 관자재보살(觀自在菩薩)이 된 것은 자각(自覺)에 의해서가 아니라 행심반야바라밀다시(行深般若波羅蜜多時) 조견오온개공(照見五蘊皆空)을 하였고 그때 도일체고액(度一切苦厄)을 하여 부처가 되었다고 말씀하고 있기 때문입니다. 오늘날 스님들이나 불자들이 알아야 할 것은 보리수(菩提樹)만 화두(話頭)로 말씀하신 것이 아니라 부처님께서 하신 말씀들은 모두 화두(話頭)로 되어 있다는 것입니다. 이렇게 부처님의 말씀은 진리를 깨달아 혜안(慧眼)이 열리지 않으면 알 수도 없고 볼 수도 없고 들을 수조차 없는 것입니다. 때문에 불자들이 불경(佛經)을 날마다 보아도 부처님이 계신 극락(極樂)이 어디 있고 열반(涅槃)의 세계는 어떤 곳인지 그리고 열반(涅槃)은 어떻게 이루며 어떤 사람들이 들어가는 지

도 모르는 것입니다.

그러므로 오늘날도 보리수(菩提樹), 즉 생불(生佛)은 반드시 계셔야 하며 또한 불자들이 깨달아 부처가 되려면 반드시 오늘날의 생불을 찾아서 가르침을 받아야 하는 것입니다. 그러면 오늘날 불자들도 석가모니(釋迦牟尼) 부처님과 같이 진리를 깨달아 성불하여 부처가 될 것입니다. 오늘날의 보리수(菩提樹) 곧 살아 계신 부처님은 지금도 불자들이 보리수(菩提樹)를 찾아서 그의 가르침을 통해 모두 성불(成佛)하여 부처가 되기를 바라고 계십니다.

우담바라(優曇婆羅)
– 우담화(優曇華)

우담바라(優曇婆羅)는 곧 우담화(優曇華)를 말하고 있는데 우담화는 어떤 꽃을 말하고 있는 것일까요? 우담화(優曇華)는 지금까지 본 사람도 없고 아는 사람도 없는 신비한 꽃으로 지금까지 베일에 쌓여 있는 꽃입니다. 그러면 우담바라(優曇婆羅)는 실제 존재하는 꽃인가 아니면 상징적(象徵的)인 꽃으로 존재하지 않는 꽃일까? 만일 우담바라 꽃이 실제 존재한다면 어떻게 생긴 꽃이며 지금 어느 나라 어느 곳에 존재하고 있단 말인가?

우담화(優曇華)는 산스크리스트어로 우둠바라(udumbara)로 기록되어 있는데 우담화(優曇華)는 삼천 년에 한번 핀다는 꽃입니다. 그리고 우담화는 오직 불경에만 기록되어 있는 전설적(傳說的)이며 상징적(象徵的)인 꽃입니다. 우담화(優曇華)는 뽕나무과 무화과의 일종으로 여래(如來)나 전륜성왕(轉輪聖王)이 출현할 때 피는 꽃이라는데 우담화(優曇華)는 지금까지 본 사람이 단 한 사람도 없다는 것입니다. 왜냐하면 부처님이 화두(話頭)로 말씀하신 우담화(優曇華)는 상징적(象徵的)인 꽃으로 자연계의 식물 중에는 존재하지 않기 때문입니다.

그래서 지금까지 우담바라 꽃을 보았다거나 어느 곳에 피었다고 하는 말은 모두 거짓일 수밖에 없는 것입니다. 그런데 어떤 사람이 우담화(優曇華)가

피었다고 야단법석을 떨며 사진까지 찍어 블로그에 올려 놓아 사람들은 팽이버섯과 같이 생긴 버섯을 보고 우담바라 꽃이라 믿고 있는 것입니다. 그러면 우담바라는 어떤 꽃이며 그 실체는 과연 무엇일까요? 그보다 이렇게 희귀(稀貴)하다는 천상(天上)의 꽃인 우담바라(優曇婆羅)는 언제 무엇 때문에 피는 꽃일까요? 문제는 우담화(優曇華)의 실체는 부처님과 그리고 오늘날 부처님과 같이 성불(成佛)하여 혜안(慧眼)이 열린 생불(生佛)만이 알 수 있고 볼 수도 있다는 것입니다. 삼천년 만에 한번 핀다는 전설적인 우담화(優曇華)는 어떤 나무나 화초에서 피어나는 꽃이 아니라 여래(如來) 곧 부처님을 화두(話頭)로 말씀하고 있습니다. 우담화(優曇華)가 삼천 년에 한번 핀다는 것은 부처님이 삼천 년만에 한번 태어난다는 것을 화두(話頭)로 말씀하고 있는 것입니다.

그러므로 부처님이 말씀하신 우담화(優曇華)는

실제 꽃이 아니라 부처님을 화두(話頭)로 말씀하고 있는 꽃입니다. 이렇게 우담화(優曇華)는 진리의 빛이요 생명이신 부처님으로 무명의 중생들을 구원하고 살려서 부처를 만들기 위해서 피어나는 꽃입니다. 그리고 부처님께서 우담바라 꽃은 삼천 년만에 한번 핀다고 말씀하신 것은 무명의 중생이 부처로 태어나려면 삼천 년 동안 윤회(輪廻)하면서 정진 수행(精進 修行)을 할 때 비로소 부처님으로 태어나게 된다는 것을 화두(話頭)로 말씀하신 것입니다.

이렇게 부처님은 우담화(優曇華)를 통해서 무명의 중생이 성불(成佛)하여 부처가 된다는 것이 얼마나 힘들고 어렵다는 것을 말씀하신 것입니다. 그런데 스님들은 중생이 곧 부처라 말하고 있으며 또한 불자들이 출가(出家)하여 절이나 산사(山寺)에 들어가 몇 년 혹은 몇십 년 동안 수행을 하면 깨달아 부처가 되는 줄로 착각하고 있다는 것입니다. 문제는 오늘날 스님들이나 불자들이 지금도 해탈(解脫)하여 부처가 되는 길과 그 과정을 잘 모르고 있다는 것입니다.

때문에 스님들이나 수행 불자들이 아무리 오랫동안 열심히 수행 정진을 해도 지금까지 해탈(解脫)하여 부처가 되신 분이 없다는 것입니다. 이것은 부처님께서 불경(佛經)을 통해서 말씀하고 있는 성불(成佛)의 길과 부처가 되는 과정을 정확히 모르고 있기 때문입니다. 그리고 부처님은 부처를 낳을 수 있지만, 스님은 아무리 큰 스님이라도 부처를 낳을 수 없다는 것을 모르기 때문입니다.

그러므로 오늘날 불자들이 해탈(解脫)하여 부처가 되려면 오늘날 살아 계신 부처님 곧 오늘날 피어 있는 우담화(優曇華)를 찾아서 올바른 가르침을 받으며 수행을 해야 하는 것입니다. 그러면 이생에는 설령 부처가 되지 않는다 해도 해탈(解脫)에 가까이 다가갈 수 있습니다. 그러므로 오늘날 스님들이나 불자들은 우담화(優曇華)만 찾아다닐 것이 아니라 오늘날 살아 계신 생불(生佛)을 찾아야 하는 것입니다. 오늘날 살아 계신 부처님은 지금도 변함없이 여러분 가까이 존재하고 있습니다.

단지 불자들이 혜안(慧眼)이 없어 보지 못하고 있을 뿐입니다. 왜냐하면 오늘날 우담화(優曇華) 곧 생불(生佛)이 없다면 중생들이 해탈(解脫)하여 부처가 되는 것은 물론 제도(濟度) 곧 구원조차 받을 수 없기 때문입니다. 그러므로 우담화(優曇華)는 삼세(三世)에 언제나 항상 불자들 곁에 계신 것입니다. 이와 같이 우담바라(優曇婆羅)는 이미 동양에는 석가모니(釋迦牟尼) 부처님으로 오셨고 서양에는 예수님으로 오셨으며 지금도 이 세상 어딘가에는 우담화(優曇華)로 피어나서 살아 계십니다.

법륜(法輪)과
옴, 마, 니, 반, 메, 훔

법륜(法輪)이란 무엇을 말하며 스님들이 수시로 부르고 있는 "옴마니반메훔"의 뜻은 무슨 뜻이 담겨 있는 것일까요? 법륜이란 "진리의 수레바퀴" "진실의 가르침"이라는 뜻으로 부처님의 가르침이 다른 것에 전환(轉換)되어 전달(傳達)되는 것을 화두(話頭)로 법의 수레바퀴라고 말하는 것입니다. 그런데 라마교에서는 종 모양으로 불구(佛具)를 만들어 그 안에 "옴마니반메훔"이란 여섯 글자를 집어넣거나 종 외부에 "옴마니반메훔"이라는 글을 새겨 놓고 그 종을 법륜(法輪)이라 말하고 있습니다.

　라마교 신도들은 "옴마니반메훔"을 시도 때도 없이 부르며 종처럼 만들어 놓은 법륜(法輪)을 돌리는데 "옴마니반메훔"의 뜻이 무엇인지 확실히 아는 신도는 물론 스님도 별로 없습니다. 라마교는 곧 티벳 불교를 말하는데 티벳 불교는 8세기 경에 인도의 밀교(密教) 곧 대승불교(大乘佛教)가 들어오게 되어 티벳인들이 경전(經典)을 "티벳어"로 번역하면서 시작된 종교입니다. 라마교 신자들은 "옴마니반메훔"이 들어 있는 종(법륜)을 돌리면서 옴마니반메훔을 외치는 것은 법륜(法輪)을 반복적으로 돌리면 경(經)을 읽은 효과가 있고 또한 부처님이 계신 극락세계(極樂世界)에 들어갈 수 있다고 믿기 때문입니다.

　그리고 법륜(法輪)을 지속적으로 돌리면 "연화수

보살(蓮花手菩薩)"에게 귀의(歸依)하여 죽은 후에 윤회(輪廻)하는 육도(六道)의 제약(制約)에서 벗어나 극락세계(極樂世界)에 왕생(往生)하는 공덕(功德)을 얻는다고 합니다. 때문에 티벳인들은 승속(僧俗)을 불문하고 모두 법륜(法輪)을 돌리면서 "옴마니반메훔"을 부르며 자신이 원하는 것들이 이루어지기를 기원(祈願)하는 것입니다.

그런데 이렇게 라마교 신자들이 법륜(法輪)을 열심히 돌려가며 "옴마니반메훔"을 부르는 것은 생사의 윤회(輪廻)에서 벗어나 해탈(解脫)이 되어 부처가 되려는 것 보다 만사(萬事)가 형통하고 운수(運數)가 대통하기를 바라는 마음 때문입니다.

문제는 라마승들이 옴마니반메훔의 "옴"을 한번 부르면 그 공덕(功德)으로 사후에 천상 세계의 길에 유전(流轉)함을 막고 "마"를 한번 부르면 악귀가 있는 수라도에 윤회(輪廻)함을 면하고 "니"를 한번 부르면 인간계에 태어남을 막고 "반"을 한번 부르면 사람이 축생의 위치에 윤회하는 어려움을 제거(除去)하며 "메"를 한번 부르면 아귀도에 빠지는 고통을 벗어나며 "훔"을 한번 부르면 죽어서 지옥(地獄)에 떨어지는 것을 면하는 공덕(功德)이 있다고 믿는다는 것입니다. 때문에 라마승들은 물론 라마교인들도 법륜을 돌리며 "옴마니반메훔"을 지속적으로 부르는 것은 그 공덕(功德)으로 이생에서도 복을 받고 사후에 극락세계(極樂世界)로 들어가려는 것입니다. 그런데 부처님은 그렇게 말씀하신 적도 없고 그렇게 가르쳐 주신 적도 없다는 것입니다. 그러므로 라마교인들은 물론 오늘날 불자들도 법륜(法輪)의 실체와 "옴마니반메훔"에 숨겨진 부처님의 뜻을 올바로 알아야 합니다.

부처님의 말씀을 전달하는 법륜(法輪)은 사람이

만든 수레바퀴나 불구(佛具)가 아니라 부처님, 즉 부처님의 말씀을 깨달아 성불(成佛)하여 부처가 되신 오늘날의 생불(生佛)을 말씀하고 있습니다. 왜냐하면 사람이 만들어 놓은 수레바퀴나 종(불구)은 부처님의 말씀을 전달하거나 가르칠 수가 없고 오직 살아 있는 부처님이나 보살만이 부처님의 말씀을 전할 수 있고 가르칠 수도 있기 때문입니다.

그리고 법륜(法輪)속에 들어가 있는 "옴마니반메훔"은 부처님께서 불자들에게 부처가 되는 길, 즉 육도(六度)윤회(輪廻)에서 벗어나 천상(天上)에 올라 부처가 되는 길인 "육바라밀(六波羅蜜)"을 화두(話頭)로 말씀하고 있는 것입니다. 그런데 "옴마니반메훔"의 "옴"은 천상(天上)계를 말하며 "훔"은 지옥(地獄)계를 말하기 때문에 지옥계의 중생이 천상에 오르기 위해 출발하는 시점은 "옴"이 아니라 "훔"인 것입니다.

그러므로 "옴마니반메훔"이 아니라 "훔메반니마옴"인 것입니다. 이렇게 "훔메반니마옴"의 "훔"은 지옥(地獄) "메"는 아귀(餓鬼) "반"은 축생(畜生) "니"는 수라(修羅) "메"는 인간(人間) "옴"은 천상(天上)을 말하고 있습니다. 때문에 지옥계의 중생이 천상에 올라 부처가 되려면 육계(六界)에서 벗어나는 길, 즉 육바라밀(六波羅蜜)의 수행(修行) 과정 곧 보시(布施)-지계(持戒)-인욕(忍辱)-정진(精進)-선정(禪定)-지혜(智慧)의 가르침에 따라 정진(精進)을 해야 하는 것입니다. 그러므로 지옥계(地獄界)의 중생이 지옥계에서 벗어나 천상(天上)에 올라가 부처가 되려면 어느 누구나 반드시 "훔메반니마옴"(옴마니반메훔), 즉 육바라밀(六波羅蜜)을 행해야 하는 것입니다. 이렇게 법륜(法輪) 곧 "옴마니반메훔"은 부처님께서 지옥계에서 천상에 오르는 길인 육바라밀을 화두로 말씀하신 것입니다. 이제 옴마니반메훔에 대해서 알아보겠습니다.

(천상에 올라 부처가 되는 길)

1. "훔"은 지옥(地獄)계의 존재(미물)가 아귀(餓鬼)계로 들어가기 위해 행하는 보시(布施).

2. "메"는 아귀(餓鬼)계의 존재(아귀)가 축생(畜生)계로 들어가기 위해서 지켜야 하는 지계(持戒).

3. "반"은 축생(畜生)계의 존재(축생)가 수라(修羅)계로 들어가 수라가 되기 위해 행하는 인욕(忍辱).

4. "니"는 수라(修羅)계의 존재(수라)가 인간계(人間界)로 들어가 인간이 되기 위해 수행하는 용맹정진.

5. "마"는 인간계(人間界)의 존재(사람)가 천상(天上)계로 들어가 부처님이 되기 위해 수행하는 선정(禪定).

6. "옴"은 천상(天上)계에 올라간 보살이 성불하여 부처가 되기 위해 받아야 하는 부처님의 지혜(智慧)

상기와 같이 법륜(法輪)의 실체는 오늘날 살아 계신 부처님과 진리를 깨달은 보살들을 말하며 "훔메반니마옴"(옴마니반메훔)은 부처님께서 가르쳐 주신 "육바라밀(六波羅蜜)"을 말씀하고 있는 것입니다. 그러므로 라마교 신자들이나 오늘날 불자들이 생사(生死)의 윤회(輪廻)에서 벗어나 해탈(解脫)하여 열반(涅槃)으로 들어가려면, 오늘날 살아 계신 생불(生佛)을 찾아 생불의 가르침에 따라 육바라밀(六波羅蜜)을 행해야 합니다.

왜냐하면 불자들이 해탈(解脫)하여 부처가 되려면 법륜(法輪)이신 부처님을 믿고 의지하며 그의 가르침에 따라 육바라밀(六波羅蜜)을 행해야 하기 때문입니다. 이렇게 오늘날 라마승이나 불자들이 해탈하여 부처가 되려면 법륜(法輪), 즉 부처님을 찾아 육바라밀("훔메반니마옴")을 열심히 행하면서 지옥계에서 한 단계 한 단계 벗어나 천상(天上)으로 올라가야 하는 것입니다.

그러므로 진정한 불자라면 부처님의 가르침에 따라 해탈(解脫)의 길인 육바라밀(六波羅蜜)을 끊임없이 정진(精進)해서 성불(成佛)하여 자신이 곧 법륜(法輪)이 되어야 하는 것입니다. 때문에 부처님은 예전이나 지금이나 변함없이 불자들이 천상(天上)의 극락세계(極樂世界)에 들어가려면 육바라밀(六波羅蜜)을 행해야 한다고 말씀하고 있습니다.

왜냐하면 지금까지 성불하신 모든 부처님들이 모두 법륜에 의한 육바라밀(六波羅蜜)의 수행 과정을 통하여 부처가 되셨기 때문입니다. 그러므로 오늘날 불자들이 해탈(解脫)하여 부처가 되려면 반드시 오늘날의 법륜(法輪), 즉 생불(生佛)을 찾아가 그의 가르침을 받으며 육바라밀(六波羅蜜)을 행해야 하는 것입니다. 이렇게 불자들에게 법륜(法輪)은 매우 중요한 길이요 진리요 생명인 것입니다. 만일 오늘날 수행자들이 법륜(法輪) 곧 오늘날 살아 계신 생불(生佛)의 가르침을 받으며 수행을 한다면 언젠가는 반드시 해탈(解脫)하여 부처가 될 것입니다. 이렇게 법륜(法輪)이나 "훔메반니마옴"(옴마니반메훔)은 불자들에게 없어서는 안 되는 진리요 생명인 것입니다.

탁발 수행(托鉢 修行)

탁발 수행(托鉢 修行)은 어떻게 하는 수행(修行)을 말씀하고 있는 것일까요? 탁발(托鉢)은 부처님 생전(生前)에 행하셨던 실천적(實踐的) 삶과 수행의 하나로 발우(鉢盂 : 밥그릇)를 들고 집집마다 구걸(求乞)하여 연명(延命)하는 것을 말합니다. 그런데 부처님이 행하신 탁발(托鉢)은 불자들에게 큰 화두(話頭)로 부처님이 설(說)하신 모든 법문(法門) 중에 법문(法問)이며 부처님이 행하신 수행(修行) 가운데 가장 중요한 수행입니다.

왜냐하면 불자들이 출가(出家)하여 승단(僧團)이나 사찰(寺刹)에 들어가 수계(授戒)를 받은 후 삭발(削髮)하고 스님이 되어 수십 년 동안 법문(法門)을 들으며 참선(參禪) 수행을 해도 소멸되지 않고 제거(除去)할 수 없는 교만(驕慢)과 아집(我執)이 탁발(托鉢)을 할 때 소멸(消滅)이 되기 때문입니다. 부처님께서 탁발(托鉢)을 손수 행하신 것은 불자들에게 탁발(托鉢)을 통해서 자아(自我) 곧 자신 안에 들어 있는 아집(我執)과 교만(驕慢)을 모두 제거(除去)하고 성불(成佛)하여 부처가 되라는 무언(無言)의 가르침입니다. 왜냐하면 자아(自我)가 모두 없어지고 무아(無我)가 되어야 부처님의 생명인 진아(眞我)로 성불(成佛)하여 부처가 될 수 있기 때문입니다.

탁발(托鉢)은 처음에 부처님께서 가사(袈裟)를 입고 발우(鉢盂)를 들고 왕사성으로 들어가 첫 집으로 시작하여 일곱 집만 탁발을 하신 것입니다. 그런데 불자들이 부처님께서 무엇 때문에 탁발(托鉢)을 하셨으며 탁발을 무엇 때문에 일곱 집만 하셨는지를 지금도 잘 모르고 있다는 것입니다. 부처님께서 탁발(托鉢)을 일곱 집만 하신 것은 무명의 중생이 해탈(解脫)하여 부처가 되려면 육바라밀(六波羅蜜) 곧 지옥계(地獄界), 아귀계(餓鬼界), 축생계(畜生界), 수라계(修羅界), 인간계(人間界), 천상계(天上界)의 여섯 과정을 모두 통과해야 부처가 된다는 것을 화두(話頭)로 보여 주신 것입니다. 탁발(托鉢)은 먹을 것을 구걸(求乞:동냥)하는 행위로 돈 없고 굶주린 사람들이 삶의 마지막 수단으로 취하는 행위입니다. 그런데 사람들이 아무리 허기(虛飢)가 지고 배가 고파도 "차라리 굶어 죽으면 죽었지 동냥은 할 수는 없다"고 말하는 것은 탁발하기가 그렇게 어렵고 힘들기 때문입니다.

이렇게 탁발(托鉢)은 자존심(自尊心)이나 교만

(驕慢)을 모두 내려놓지 않으면 절대로 할 수가 없는 것입니다. 때문에 스님들은 물론 수행 불자들도 성불의 길을 가려면 반드시 해야 하는 것이 탁발(托鉢)입니다. 그러므로 탁발(托鉢)을 하지 않는 스님은 진정한 스님이라 할 수 없는 것입니다.

그런데 언젠가부터 우리나라에서 탁발(托鉢)하는 스님을 찾아볼 수가 없는 것입니다. 왜냐하면 오늘날 사찰(寺刹)은 돈이 많아 먹을 것과 입을 것이 풍족하여 스님들이 탁발(托鉢)을 할 필요가 없기 때문입니다.

예전에는 걸어서 가가호호(家家戶戶)를 방문하면서 탁발(托鉢)을 하던 스님들이 지금은 고급 승용차까지 타고 다니며 불자들에게 좋은 음식을 대접받으며 시주(施主) 돈을 받아 사리사욕(私利私慾)을 채우고 있는 것이 오늘날 현실입니다. 그러나 남방 불교 곧 스리랑카나 미얀마 그리고 태국이나 캄보디아와 같은 곳에서는 스님들이 지금도 탁발(托鉢)을 하여 생활하고 있습니다. 그런데 이렇게 평생을 탁발로 생활하는 스님들은 무엇 때문에 성불(成佛)하지 못하는 것일까요? 그것은 스님들이 탁발(托鉢)을 할 때 굶주린 거지의 마음과 같이 가난하고 겸손한 마음으로 하는 것이 아니라 불자들에게 공양(供養) 받는 것이 당연하다고 생각하기 때문입니다.

왜냐하면 스님들은 부처님의 제자로 무명(無明)의 중생들에게 복을 빌어주는 위치이며 불자들은 스님들에게 공양을 드려야 복을 받을 수 있다고 생각하기 때문입니다. 이렇게 공양(供養)을 받는 스님들이나 공양을 드리는 불자들도 모두 기복(祈福)을 중심으로 공양(供養)을 서로 주고 받는 것입니다. 그러나 부처님께서 행하신 탁발(托鉢) 속에 스님들도 알지 못하는 큰 비밀이 감추어져 있습니다.

    부처님께서 친히 걸어 다니시며 탁발(托鉢)을 하
신 것은 오늘날 불자들에게 매우 중요한 법문이며
무언(無言)의 가르침인 것입니다. 부처님은 일국(一
國)의 태자(太子)로 부귀영화(富貴榮華)를 마음껏
누렸던 왕의 신분이기 때문에 그 안에 교만(驕慢)과
아집(我執)이 더 컸지만, 출가(出家)를 하신 후 자
존심을 모두 내려놓고 거지와 같이 발우(鉢盂)를 들
고 탁발(托鉢)을 할 때 교만(驕慢)과 아집(我執)이
모두 소멸(消滅)된 것입니다. 때문에 수행 불자들이
자기 안에 들어 있는 교만과 아집을 내려놓으려면
먼저 부처님의 가르침에 따라 탁발을 해야 하는 것
입니다.

    오늘날 수행 불자들이 수십 년 동안 명상 수행을
하고 고행(苦行)을 하며 스님들의 가르침을 받아도
해탈(解脫)이 되지 않는 것은 탁발(托鉢)은 하지 않고
불교의 교리에 따른 수행만 하고 있기 때문입니다.

그러므로 지금도 어떤 수행자들은 자신 안에 들어 있는 욕심과 교만을 없애기 위해 깊은 산중이나 암자(庵子)에 들어가 날마다 참선(參禪) 수행을 하고 있지만 욕심은 없어지지 않는 것입니다. 그런데 수십 년 동안 가르침을 받으며 수행을 해도 버려지지 않는 욕심과 교만(驕慢)이 가사(袈裟)를 입고 발우(鉢盂)를 들고 속세(俗世)에 나아가 탁발(托鉢)을 하면 조금씩 소멸(消滅)되어 가는 것을 볼 수 있습니다. 그런데 스님들이 이렇게 중요한 탁발(托鉢)은 행하지 않고 조용히 앉아서 하는 참선(參禪)과 위빠사나 수행만 하고 있는 것입니다.

그러나 참선(參禪)이나 명상(冥想) 수행을 하면 일시적인 마음의 평강이나 기쁨은 느낄 수 있으나 자기 두뇌(頭腦) 속에 굳어진 번뇌(煩惱)와 망상(妄想)은 제거(除去)되지 않는다는 것을 알아야 합니다. 왜냐하면 명상 수행을 통해서 얻은 평안은 수행을 중단하고 세속(世俗)에 나가면 다시 번뇌(煩惱)와 망상(妄想)이 되살아나기 때문입니다. 그러므로 수행자들은 부처님이 행하신 탁발(托鉢)을 행해야 자아(自我)가 없어지고 무아(無我)가 되어 진정한 마음의 평안이 오기 때문에 탁발(托鉢)이 곧 부처님이 가르쳐 주신 진정한 수행이며 명상(冥想)인 것입니다. 사람들이 백문불여일견(百聞不如一見)이라는 말을 합니다.

이 말은 백 번을 듣는 것보다 한번 보는 것이 더 났다는 말입니다. 이 말과 같이 백청견불여일행(百聽見不如一行), 즉 부처님의 말씀을 백번 듣고 보는 것보다 부처님과 같이 발우(鉢盂)를 들고, 탁발(托鉢)을 한번 행하는 것이 더 낫다는 것입니다. 그러므로 해탈(解脫)을 위해 수행하는 불자라면 반드시 가사(袈裟)를 입고 탁발(托鉢)을 생활화(生活化)해야 하며, 또한 만행(萬行)의 과정도 행해야 하는 것입니다. 부처님께서 입고 계셨던 가사(袈裟)는 단순히 스님들이 입는 옷이 아니라 부처님의 말씀을 화두(話頭)로 말씀하신 것입니다. 때문에 탁발(托鉢)을 하려면 먼저 부처님이 가르쳐 주신 말씀 곧 진리(말씀)의 옷을 준비해서 입어야 합니다.

왜냐하면 불자들의 마음속에 자리 잡고 있는 욕심과 탐심 그리고 교만(驕慢)은 부처님의 말씀을 가지고 탁발(托鉢)을 할 때 그 말씀에 의해서 조금씩 소멸되기 때문입니다. 부처님의 삶은 그 자체가 모두 법문(法門)이며 무언(無言)의 가르침인 것입니다.

이와 같이 부처님이 행하신 진정한 탁발은 먹을 양식을 얻기 위해 구걸을 하신 것이 아니라 무명의 중생들의 영혼을 제도(濟度) 곧 구원하기 위해서 행하신 것입니다. 그러므로 오늘날 수행 불자들이나 스님들은 이러한 부처님의 가르침을 통해서 탁발

(托鉢)의 의미를 올바로 알고 수행을 해야 합니다.

　그리고 스님들은 이제부터라도 먹을 양식을 얻기 위해 탁발(托鉢)을 할 것이 아니라 자신 안에 들어 있는 욕심과 교만한 마음을 소멸시키기 위해서 탁발(托鉢)을 해야 하며 또한 주변에 죽어가는 영혼들을 구원하여 살리기 위해서 탁발(托鉢)을 해야 하는 것입니다. 부처님의 이러한 마음과 뜻을 올바로 알고 탁발(托鉢)을 행한다면 언젠가는 반드시 자아(自我)가 소멸(消滅)되고 진아(眞我)로 해탈(解脫)되어 부처가 될 것입니다. 지금까지 이 말씀을 부처님의 가르침으로 봉독하신 분들은 하루속히 부처님의 가피(加被)로 번뇌(煩惱)와 망상(妄想)에서 벗어나 성불(成佛)하여 부처가 되시기를 기원(祈願) 합니다.

참선(參禪)과
위빠사나(명상)

북방 불교에서 행하는 "참선(參禪)"과 남방 불교에서 행하고 있는 "위빠사나"는 무엇이 어떻게 다를까요? 부처님은 보리수(菩提樹)나무 아래서 참선(參禪) 수행을 하시다가 진리를 깨달아 부처님이 되신 후 삼독(三毒)인 탐(貪), 진(瞋), 치(癡)로 인해 병들어 죽어가는 무명(無明)의 중생들을 제도(濟度)하기 위해서 이 세상에 오신 진리이며 생명이십니다. 때문에 오늘날 스님들은 물론 불자들도 부처님을 따라 진리를 깨닫기 위해 부처님이 행하셨던 참선(參禪)이나 "위빠사나" 수행(修行)을 하는 분들이 늘어나고 있는 것입니다.

그런데 불자들이 참선(參禪)과 "위빠사나" 수행을 열심히 행하고 있지만, 지금까지 진리를 깨달아 부처님이 되셨다는 분은 아직도 찾아 볼 수가 없다는 것은 안타까운 일이라 생각합니다. 왜 그럴까요? 그 이유는 부처님이 행하셨던 참선(參禪)을 올바로 알지 못하고 수행(修行)하기 때문입니다. 그러므로 오늘날 불자들은 참선(參禪)이나 "위빠사나" 수행을 행하기 전에 먼저 부처님이 행하셨던 참선(參禪)을 올바로 알아야 합니다. 만일 부처님께서 행하셨던 참선(參禪)을 올바로 알지 못하고 수행을 계속 한다면 수십 년 혹은 수백 년을 수행한다 해도 성불(成佛)은 할 수 없습니다.

때문에 필자(筆者)는 부처님이 행하셨던 참선(參禪)과 오늘날 불자들이 행하고 있는 "위빠사나" 수행의 진실과 허구를 밝히 드러내어 수행하는데 조금이라도 도움이 될까하여 이 글을 기록하게 된 것입니다. 그러므로 오늘날 불자들이 여기에 기록된 글을 자세히 읽어 보신다면 수행(修行)하는데 많은 도움이 되는 것은 물론 진리를 깨달아 부처가 될 수도 있을 것이라 생각합니다. 그런데 이 글을 보시기 전에 지금까지 알고 있던 고정관념(固定觀念)을 잠시라도 내려놓고 기도(祈禱)하는 마음으로 보셔야 한다는 것입니다.

만일 수행자들이 지금까지 자신 안에 쌓아 가지고 있는 생각과 마음을 모두 내려놓고 이 글을 정독(正讀)하신다면 부처님의 뜻을 올바로 아는 것은 물론 해탈 성불(解脫 成佛)의 길도 열리게 될 것입니다. 이 글을 정독하시는 모든 분들이 진리를 깨달아 성불(成佛)하시기를 기원(祈願)합니다.

1) 남방 불교와 북방 불교

오늘날 불교는 남방(南方) 불교와 북방(北方) 불교로 분리되어 있는데 불교가 이렇게 나누어지게 된 것은 수행의 방법이나 수행의 목적이 다르기 때문이라 생각합니다. 그러면 부처님이 행하셨던 참선(參禪)과 지금 남방 불교에서 행하고 있는 "위빠사나"는 무엇이 어떻게 다를까요? 부처님이 행하셨던 참선과 위빠사나는 부처님의 말씀이 기록된 반야심경(般若心經)과 법구경(法句經)의 유념품(惟念品)에 잘 나타나 있습니다. 그러므로 경에 기록된 부처님의 말씀을 근거로 하여 남방 불교에서 행하고 있는 위빠사나와 북방 불교에서 행하고 있는 참선(參禪)에 대하여 살펴보기로 하겠습니다.

위빠사나는 수행을 할 때 눈을 감고 마음속 깊이 생각하는 것인데 이는 곧 부처님이 행하셨던 참선(參禪)이라 할 수 있습니다. 그런데 부처님이 행하셨던 "참선"이나 지금 행하고 있는 "위빠사나"는 동일한 것 같으나 궁극적(窮極的)인 목적은 다르다는 것입니다. 왜냐하면 참선(參禪)은 진리를 깨닫기 위해 화두(話頭) 한두 마디를 붙잡고 마음속 깊이 명상(冥想)을 하는 것인데, "위빠사나"는 진리를 깨닫기 위해 명상을 하는 것이 아니라 자신의 호흡이나 신체의 동작에 모든 정신을 집중하여 마음의 평안을 얻어 자신 안에 낙원(樂園), 곧 지상의 천국을 이루기 위해서 행하는 수행이기 때문입니다. 그러므로 "위빠사나" 수행을 통해서 마음의 평강을 얻거나 혹은 몸의 질병이나 정신 질환이 치료될 수도 있으나 진리를 깨달아 부처가 될 수는 없는 것입니다.

문제는 석가모니(釋迦牟尼) 부처님은 참선을 통

해서 진리를 깨달아 성불하여 부처가 되셨지만, "위빠사나" 수행을 통해서 진리를 깨달아 부처가 된 사람은 아직까지 없었다는 것입니다. 지금 남방 불교에서 행하고 있는 "위빠사나" 수행의 근거(根據)는 부처님의 말씀이 기록된 법구경 유념품(惟念品)에 잘 나타나 있습니다. 왜냐하면 유념품 2절에 수행자가 수행을 할 때 내쉬는 숨(날숨)과 들어 마시는 숨(들숨)을 자세히 관찰하면 진리를 깨달아 성불(成佛)할 수 있다고 기록되어 있기 때문입니다.

그러나 부처님이 말씀하신 내쉬는 숨인 출식(出息)과 들어 마시는 숨인 입식(入息)은 그런 뜻으로 말씀하신 것이 아니라는 것입니다. 그러므로 이제 유념품의 1절과 2절에 기록된 말씀을 통하여 "위빠사나"에서 호흡으로 행하는 명상 수행을 살펴보기로 하겠습니다.

(1) 유념품자(惟念品者)는 수미지시(守微之始)에 내 사안반(內思安般)이면 필해도기(必解道紀)니라

상기의 말씀에 유념품자(惟念品者)는 곧 진리를 깨닫기 위해 참선(參禪)을 행하고 있는 자를 말하고 있습니다. 그런데 유념품자는 참선을 처음 시작할 때 여러 가지를 붙잡고 하지 말고 지극히 작은 것을 하나를 붙잡고 하라는 것입니다. 그리고 편안한 마음과 생각을 가지고 밖에 것을 생각하지 말고 자신의 내면(內面)을 깊이 생각하라는 것입니다. 그러면 언젠가는 반드시 진리를 깨닫게 된다는 것입니다. 때문에 오늘날 진리를 깨달으려는 수행자들은 이 말씀을 근거로 열심히 참선을 행하고 있는 것입니다.

그런데 문제는 석가모니 부처님 이후에 지금까지 "참선"이나 "위빠사나" 수행을 통해서 부처가 된 사

람은 찾아보기가 힘들다는 것입니다. 그 이유는 수
행하는 불자들이 부처님이 행하셨던 "참선"이나 "위
빠사나"의 진정한 뜻을 모르고 행하고 있기 때문입
니다. 이제 법구경의 유념품 2절을 통해서 오늘날
남방 불교에서 행하고 있는 "위빠사나" 곧 내쉬는
숨인 출식(出息)과 들어 마시는 숨인 입식념(入息
念)속에 감추어진 진정한 뜻에 대하여 말씀드리겠
습니다.

**(2) 출식입식념(出息入息念)을 구만제사유(具滿諸
思惟)하면 종초경통이(從初竟通利)하여 안여불
소설(安如佛所說)이니라**

상기의 말씀은 수행자가 참선(參禪)을 할 때 내
쉬는 숨과 들어 마시는 숨을 깊이 생각하면 진리를
깨달아 부처가 되어 성불(成佛)의 시작과 끝을 모
두 알게 된다는 것입니다. 때문에 지금 남방 불교에

서 행하는 "위빠사나" 수행은 이 말씀을 근거(根據)로 하여 시작되었다고 볼 수 있습니다. 왜냐하면 남방 불교에서 행하는 "위빠사나" 수행이 호흡을 깊이 관찰하여 마음의 평강을 얻어 지상의 낙원(천국)을 이루려 하고 있기 때문입니다. 그러나 석가모니(釋迦牟尼) 부처님이 행하신 참선(參禪)은 호흡을 관찰하여 진리를 깨달으신 것이 아니라 생사(生死)의 근원, 즉 연기(緣起)의 근원을 찾아 생로병사(生老病死)의 윤회(輪廻)에서 벗어나기 위해 진리를 붙잡고 참선(參禪)을 하시다가 진리를 깨달아 부처가 되신 것입니다.

연기(緣起)란 "이것이 있음으로 저것이 있고" "저것이 없음으로 이것도 없다"는 뜻으로 모든 세상만사는 인연(因緣)에 따라 생겨나고 인연(因緣)에 따라 없어진다는 것입니다. 즉 사람이 죽는 것은 태어나는 인연(因緣)으로 인해서 죽게 된다는 것입니다.

때문에 만일 사람이 태어나는 인연(因緣)이 없다면 죽지도 않는다는 것입니다. 그러므로 부처님은 이러한 인간들의 태어남과 죽음의 인연(因緣), 그리고 연기(緣起)의 근원(根源)을 해결하기 위해 온갖 고민과 고행을 하면서 스승을 찾아다닌 것입니다.

그런데 힘든 고행이나 스승의 가르침도 생사(生死)의 근본 문제들을 해결하지 못하였는데 결국은 진리를 붙잡고 참선(參禪)을 하시다가 진리를 깨달아 부처가 되신 것입니다. 그러므로 부처님이 말씀하시는 출식(出息)과 입식념(入息念)은 날숨과 들숨을 말하는 것이 아니라 사(死)와 생(生), 즉 죽음과 삶을 화두(話頭)로 말씀하고 있는 것입니다. 왜냐하면 사람은 밖으로 낸 숨을 다시 들어 마시지 않으면 죽기 때문입니다. 그러므로 출식(出息)과 입식(入息)의 진정한 뜻은 자신의 죽음과 삶을 깊이 생각하여 생로병사(生老病死)의 윤회(輪廻)에서 벗어나는 길을 찾기 위해 온 정성을 다해 정진하라는 것입니다.

그러면 해탈(解脫)하여 성불(成佛)의 길을 시작부터 완성에 이르기까지 모두 깨닫게 되어 열반(涅槃)하게 된다는 것입니다. 이렇게 부처님이 말씀하시는 출식(出息)과 입식념(入息念)은 사람이 숨을 쉬는 호흡을 말씀하신 것이 아니라 인간의 죽음과 삶을 깊이 생각하여 진리를 깨달으라고 말씀하신 것입니다. 즉 부처님과 같이 보리수나무 아래 앉아 참선을 행하면서 내가 깨닫지 못하면 살아서는 절대로 다시 일어나지 않겠다는 각오(覺悟)를 가지고 참선(參禪)을 하라는 것입니다. 이러한 마음의 굳은 각오를 가지고 참선을 행할 때 진리를 깨닫게 되어 생사(生死)의 윤회(輪廻)에서 벗어나 성불하게 된다는 것입니다. 그러므로 오늘날 수행 불자들은 참선 수행을 할 때 부처님과 같이 말씀 한마디를 화두(話頭)로 붙잡고 나는 깨닫지 못하면 죽겠다는 각오를 가지고 참선을 해야 하는 것입니다. 그러면 부처님과 같이 진리를 깨달아 성불(成佛)하여 부처가 될 것입니다.

그런데 문제는 남방 불교의 스님들이나 불자들은 위빠사나 수행을 통해서 부처가 되려는 생각을 전혀 하지 않고 있다는 것입니다. 그 이유는 남방 불교에서 부처님은 오직 석가모니(釋迦牟尼) 부처님 한 분 뿐이며 그 외에는 어떤 사람도 부처가 될 수 없다고 가르침을 받아 왔기 때문입니다. 그러므로 남방 불교에서 "위빠사나 수행"을 하는 목적이 성불(成佛)하여 부처가 되려는 것이 아니라, 명상 수행을 통해 심신(心身)의 고통을 모두 제거(除去)하여 언제나 평안하고 행복한 마음의 지상낙원(地上樂園)을 이루려는 것입니다. 이렇게 남방 불교에서 행하고 있는 위빠사나 수행은 부처님이 행하신 참선(參禪) 수행과 근본적(根本的)으로 다른 것입니다.

그런데 문제는 참선(參禪) 수행을 하고 있는 북방(北方)의 불교(佛教)도 불자들에게 "중생(衆生)이 곧 부처"라고 가르치고 있어 불자들이 이미 부처가 되어 있기 때문에 진리를 깨달아 부처가 되기 위해서 참선(參禪)을 하는 것이 아니라, 부처님께 만사형통(萬事亨通)의 복과 운수대통(運數大通)의 복을 받으려고 참선을 하고 있다는 것입니다. 그러나 석가모니(釋迦牟尼) 부처님은 "중생이 곧 부처"라고 말씀하신 적이 없고 또한 이 세상에 부처가 오직 자신 밖에 없다고 말씀하신 적도 없다는 것입니다. 단지 중생들은 모두 불성(佛性)을 가지고 있기 때문에 부처님의 가르침에 따라 수행을 올바로 한다면 어느 누구나 부처가 될 수 있는 가능성을 가지고 있다고 말씀하신 것입니다.

왜냐하면 부처님은 삼세제불(三世諸佛)로 석가모니(釋迦牟尼) 부처님 한 분만 계신 것이 아니라 삼세(三世), 즉 전세(前世)와 현세(現世)와 내세(來世)에 어느 곳 어느 때든지 부처님들이 항상 계시다고 말씀하고 있기 때문입니다. 그런데 오늘날 북방 불교나 남방 불교는 부처님께서 말씀하신 올바른 뜻을 모르기 때문에 불자들에게 부처가 되는 해탈과 성불의 길을 모두 가로막고 있는 것입니다. 그렇기 때문에 남방 불교에서 행하는 "위빠사나" 수행이나 북방 불교에서 행하고 있는 "참선 수행"이 모두 부처님의 뜻을 이루기 위한 것이 아니라 자기의 뜻(욕심)과 목적을 이루기 위해서 수행을 하는 것입니다.

그러나 부처님은 궁궐(宮闕)에서 왕의 아들로 태어나 이 세상의 부귀영화(富貴榮華)를 마음껏 누리고 살 수 있었지만, 인간은 결국 죽을 수밖에 없는 나약(懦弱)하고 무상(無常)한 존재라는 것을 깨닫고 생로병사(生老病死)의 윤회(輪廻)에서 벗어나 영원한 생명을 얻기 위해 출가(出家)를 하신 것입니다.

부처님은 출가를 하신 후에 여러 성인(聖人)들의 가르침과 강도 높은 모진 수행을 해 보았지만 깨달음을 얻지 못한 것입니다.

　그러므로 부처님은 모든 수행을 포기하고 보리수(菩提樹)나무 아래서 좌정(坐定)을 하시고 참선(參禪)을 하시다가 무상정등정각(無上正等正覺)을 이루시고 성불(成佛)하여 부처가 되신 것입니다. 때문에 "참선(參禪)"이나 "위빠사나" 수행은 모두 부처님의 뜻에 따라 진리를 깨달아 성불(成佛)하여 부처가 되기 위해서 수행을 해야 하는 것입니다.

　그런데 명상 수행을 하는 스님들이나 수행자들이 부처님의 말씀이나 성불(成佛)에는 관심이 없고 모두 명상 수행을 통해서 자신의 어려운 문제들을 해결하거나 자신이 원하는 목적을 이루기 위해서 수행을 하고 있는 것입니다. 이렇게 남방 불교에서 행하는 "위빠사나"나 북방 불교에서 행하고 있는 "명상 수행"은 모두가 부처님의 뜻에서 벗어나 자신의 평안과 행복을 위해 수행하고 있는 것입니다. 지금 남방 불교에서 행하고 있는 "위빠사나(vipassana)"는 관법(觀法)으로 스리랑카. 미얀마. 태국 등을 중심으로 행하고 있는 명상(冥想)의 수행법입니다. 남방 불교는 소승 불교(小乘 佛教)로 위빠사나를 통해서 자신의 몸과 정신을 깊이 관찰하여 심신(心身)의 고통을 제거(除去)하고 마음의 평안을 누리려는데 주력하는 반면에 북방 불교는 대승 불교(大乘 佛教)로 부처님의 진리를 깨닫기 위해 화두(話頭) 한 두 마디를 붙잡고 진리를 깨달아 부처가 되기 위해서 행하는 수행입니다.

그러나 부처님께서 말씀하시는 진정한 소승 불교(小乘 佛教)는 자리(自利), 즉 상구보리(上求菩提)를 통해서 자신이 깨달아 부처가 되라는 것이며, 대승 불교(大乘 佛敎)는 상구보리를 통해서 깨달아 부처가 된 자들은 이타(利他), 즉 하화중생(下化衆生)으로 고통속에서 죽어가는 무명(無明)의 중생을 제도(濟度)하고 진리를 깨닫게 하여 부처를 만들라는 것입니다.

왜냐하면 부처님께서 생전(生前)에 행하신 모든 일이 오직 자리(自利)와 이타(利他), 즉 상구보리(上求菩提)와 하화중생(下化衆生)을 행하셨기 때문입니다. 상구보리(上求菩提)는 위로 보리(깨달음)를 구하여 자신이 해탈하여 부처가 되는 것이며, 하화중생(下化衆生)은 상구보리(上求菩提)를 통해서 부처가 된 자들은 이웃에 죽어가는 무명의 중생들을 구제하여 부처를 만드는 것입니다. 그러므로 무명의 중생들이 깨달아 부처가 되려면 누구나 부처님의 가르침에 따라 소승(小乘)의 과정인 상구보리(上求菩提)를 행해야 하며 상구보리(上求菩提)를 통해서 부처가 된 자들은 하화중생(下化衆生)을 행하기 위해 대승(大乘)의 길을 걸어가야 하는 것입니다. 이러한 부처님의 참 뜻을 모르고 우리는 "소승 불교(小乘佛教)다" "대승 불교(大乘 佛教)다" 서로 주장하는 것은 올바른 처사(處事)가 아니라고 생각합니다.

그러면 "위빠사나(Vipassana)"는 무슨 뜻이며 수행은 어떻게 하는 것일까요? 이제 남방 불교에서 행하고 있는 "위빠사나"와 부처님이 행하신 참선(參禪)에 대해서 좀더 자세히 살펴보기로 하겠습니다. "위빠사나(Vipassana)"는 빨리어로 위(vi)와 빠사나(passana)의 합성어로 위(vi)는 '분리하다, 쪼개다'라는 뜻이며 빠사나(passana)는 '관찰하다, 식별하다'라는 뜻입니다. 위빠사나는 한어(漢語)로 '관찰(觀察), 직관(直觀), 정견(正見)'이라는 의미로 "위빠사나"의 진정한 뜻은 편견(偏見)없이, 즉 자신의 상(想)이나 고정관념(固定觀念)을 벗어 버리고 있는 그대로 직시(直視)하라는 것입니다. 왜냐하면 사람이 각기 다른 색의 안경을 쓰고 사물(事物)을 보면 모두 달리 보이듯이 사람들이 자신이 가지고 있는 상(想) 곧 의식화(意識化)된 고정관념(固定觀念)을 가지고 보면 진리는 물론 사물(事物)도 올바로 볼 수 없기 때문입니다. 그래서 부처님 전에 들어갈 때 "알음알이", 즉 자신의 머릿속에 들어 있는 상(想)을 모두 "내려 놓으라"고 말씀하는 것입니다.

그러므로 "위빠사나" 수행은 자신 안에 쌓아 굳어진 고정관념(固定觀念)들을 모두 제거(除去)하고 청정(淸淨)한 마음이 되어 언제나 평온하고 행복한 극락(極樂)세계를 이루려는 것입니다. "위빠사나" 수행의 문제는 자신의 몸과 정신을 관찰하여 번뇌(煩惱)와 망상(妄想)을 제거(除去)하여 몸과 마음의 평강을 얻는데 주력하기 때문에 진리를 깨달아 부처가 될 수는 없다는 것입니다.

결국 위빠사나 수행을 통해서 병든 환자의 병이 치료되고 몸이 건강해진다 해도 혜안(慧眼)이 열려 부처가 되지 못한다면 앞을 보지 못하는 소경처럼 열반의 세계 곧 진리의 세계는 볼 수 없다는 것입니다. 때문에 지금까지 "위빠사나" 수행을 열심히 하여 몸이 건강해지고 마음의 평강을 얻었다고 기뻐하는 자들은 많이 있지만 진리를 깨달아 부처가 된 자가 없다는 것입니다.

그러므로 불자들은 이제부터라도 몸과 정신을 집중하는 "위빠사나" 수행에서 벗어나 부처님께서 말씀하시는 참선(參禪) 수행을 해야 합니다. 왜냐하면 부처님은 오직 진리를 깨닫기 위해 보리수 아래서 반야를 의지하여 참선(參禪)을 하시다가 진리를 깨달아(득도) 생로병사(生老病死)의 윤회(輪廻)에서 벗어나 부처가 되셨기 때문입니다. 이렇게 부처님은 "위빠사나" 수행으로 자신의 몸을 관찰하여 진리를 깨달아 도일체고액(度一切苦厄)을 하신 것이 아니라 진리를 깨닫기 위해 참선(參禪)을 하시다가 오온(五蘊)을 조견(照見)하여 정각(正覺)을 이루어 도일체고액(度一切苦厄)을 하신 것입니다.

그런데 "위빠사나"수행의 대상은 진리가 아니라 자신의 몸과 정신을 대상으로 하고 있다는 것입니다. 즉 자신의 몸에서 일어나는 각가지 현상들 예를 들면 호흡, 걸음걸음, 손놀림, 눈 깜박거림 등 수 많은 작용들을 빠짐없이 관찰하며, 그리고 괴로움과 즐거운 느낌, 그리고 무덤덤한 느낌 등을 관찰하는 것으로 몸과 마음에서 일어나는 각가지 감정과 생각들을 대상으로 하고 있는 것입니다. 남방 불교는 "위빠사나" 수행을 하면 10가지 지혜(智慧)를 얻을 수 있다고 가르치고 있습니다.

문제는 "위빠사나" 수행을 지도하는 스님들이 지

식(知識)과 지혜(智慧)가 어떻게 다르며 부처님이 말씀하시는 지혜(智慧)가 무엇인지 그 의미나 뜻을 확실하게 모르고 있다는 것입니다. 머릿속에 담고 있는 지식(知識)은 세상이나 불교에서 사람들과 스님들을 통해서 듣고 보고 공부하여 얻은 학식(學識)이나 지식(知識)을 말하며 지혜(智慧)는 곧 반야(般若)를 통해서 진리를 깨달아 성불(成佛)하여 부처가 되었을 때 나타나는 부처님의 영원한 생명을 말합니다.

즉 눈먼 소경이 눈을 뜨는 것과 같이 무명(無明)의 중생이 혜안(慧眼)이 열려 진리를 볼 수 있을 때 나타나는 지혜(마음의 눈)를 말하고 있습니다. 때문에 지혜(智慧)의 눈, 즉 혜안이 열리면 천수천안(千手千眼)을 소유하신 부처님과 같이 모든 것을 보고 모든 것을 알게 되는 것입니다. 때문에 "위빠사나" 수행을 통해 얻는 것은 지혜(智慧)가 아니라 지식(知識)일 수 밖에 없는 것입니다.

(지혜가 아니라 지식)

1) 청정(淸淨)을 이루는 지혜

2) 존재의 생멸(生滅)을 아는 지혜

3) 존재의 무너짐을 아는 지혜

4) 두려움을 극복하는 지혜

5) 세간(世間)의 위험스러움을 아는 지혜

6) 재(財)를 싫어하는 지혜

7) 해탈(解脫)하기를 원하는 지혜

8) 심사숙고(深思熟考)하는 지혜

9) 평온의 지혜

10) 장애 받지 않는 수순(手順)의 지혜입니다

그런데 수행자가 위빠사나 수행을 통해 10가지 지혜를 얻으려면 먼저 7가지 조건을 갖추어야 한다고 가르치는데 다음과 같습니다.

1. 주거환경 – 인적(人迹)이 없는 조용하고 공기가 신선한 곳
2. 탁발 처 – 탁발하는 곳이 인근에 있어야 함
3. 언어생활 – 침묵(沈默)을 원칙으로 하며 대화는 부처님의 말씀을 나누어야 함
4. 스승 – 부처님의 뜻과 말씀을 올바로 알고 가르쳐 주는 스승이 있어야 함.
5 음식 – 소식을 해야 하며 채식이나 생식으로 하는 것이 좋음
6. 취침 – 잠은 4시간 정도로 적게 자야 함
7. 자세 – 반가부좌(半跏趺坐)나 결가부좌로 하되 자신의 몸의 조건에 맞게 해야 함.

상기와 같이 위빠사나 수행을 할 때 7가지 자세를 갖추는 것은 수행에 많은 도움이 된다고 생각합니

다. 때문에 오늘날 명상 수행을 하려는 수행자들은 상기와 같은 환경과 조건을 갖추고 수행을 하는 것이 좋습니다. 문제는 수행을 할 때 무슨 목적으로 무엇을 위해 수행을 하느냐 하는 것입니다. 수행자는 반드시 부처님이 행하신 뜻대로 진리를 깨달아 부처가 되기 위한 목적으로 수행을 해야 합니다. 그리고 수행자들에게 선지식(善知識)을 가지고 수행을 올바로 지도해 줄 수 있는 스승이 있어야 합니다. 왜냐하면 수행자가 삼매(三昧)의 경지에 깊이 들어 갈 때 기(氣)가 약한 분들은 악귀(惡鬼)가 들어갈 수도 있기 때문입니다,

그러므로 정신 질환자들이 치료를 받으려고 수행하러 갔다가 오히려 귀신이 들려 오는 경우가 종종 일어나고 있는 것입니다. 때문에 수행자들이 수행을 하면서 자신의 몸에서 일어나는 작용과 심적 변화를 스승에게 보고하면서 자신의 상태를 수시로

점검해야 합니다. 이렇게 수행자는 자신이 체험하고 경험한 것을 항상 돌아보고 활용하면서 물러섬이 없이 정진(精進)을 지속적(持續的)으로 해야 합니다. "위빠사나" 수행은 사념처(四念處)를 기본으로 하고 있는데 이를 네 가지 마음 챙김이라고 합니다. 그런데 부처님은 무명의 중생들 안에 자리 잡고 있는 사상(四相)을 모두 제거(除去)하라고 말씀하고 있습니다. 부처님께서 말씀하시는 사상(四相)은 아산(我相) 인상(人相) 중생상(衆生相) 수자상(壽者相)을 말하고 있습니다.

“위빠사나” 수행을 위한 마음 챙김의 대상은 사념처(四念處) 곧 몸, 느낌, 마음, 법(身受心法) 네 가지를 말합니다. 네 가지 대상은 육체적인 것과 정신적인 것으로 분류하여 말하고 있습니다.

1. 신념처(身念處)

몸의 움직임을 통해서 아는 것.

(1) 호흡(呼吸), 즉 날숨과 들숨을 관찰(觀察)하여 아는 마음 챙김.

(2) 가고, 서고, 앉고, 눕는 동작을 살펴서 아는 마음 챙김

(3) 앞으로 나아가고 뒤로 돌아올 때, 앞을 볼 때나 주위를 돌아볼 때, 팔 다리를 구부리거나 펼 때, 먹고 마시고 씹고 맛볼 때, 대소변을 볼 때, 가고 서고 앉을 때, 잠 자리에 들고 깨어날 때, 말하거

나, 침묵을 하고 있을 때 등을 자세히 보고 살펴
서 아는 마음의 챙김.

(4) 육체에 대해 싫어하는 마음과 좋아하는 마음의
일어남을 아는 마음 챙김.

(5) 인간의 네 가지 요소(四大) 곧 지수화풍(地,水,
火,風)을 아는 마음 챙김.

2. 수념처(受念處)

정신적 느낌에 대한 마음의 챙김(정신적인 현상) 3
가지, 즉 고통(苦)과 즐거움(樂)과 고통스럽지도 않
고 즐겁지도 않은 느낌(不苦不樂)을 관찰하여 아는
마음 챙김.

3. 심념처(心念處)

마음에서 일어나는 8가지 작용을 관찰 하는 마음 챙김
(1) 탐욕이 있는 마음(有貪心)과 탐욕이 없는 마음
(無貪心)의 챙김

(2) 성내는 마음(有瞋心)과 성냄이 없는 마음(無瞋
心)의 챙김

(3) 어리석은 마음(有癡心)과 어리석음이 없는 마음
(無癡心)의 챙김

(4) 침체된 마음과 산만한 마음의 챙김

(5) 선정(禪定)으로 커진 마음과 선정 수행을 닦지
않아 커지지 않은 마음 챙김.

(6) 색계선(色界禪)과 무색계선(無色界禪)의 수행이
향상된 마음과 향상이 안 된 마음 챙김.

(7) 선정에 의해 집중된 마음과 집중이 안 된 마음
챙김.

(8) 선정(禪定) 수행에 의해 일시적으로 번뇌(煩惱)
로부터 자유로워진 마음과 자유로워지지 않은
마음을 있는 그대로 아는 마음 챙김.

4. 법념처(法念處)

5가지의 육체적 정신적 현상에 대한 마음 챙김

(1) 욕망, 분노, 혼침과 졸음, 들뜸과 우울, 회의적
   의심의 마음 챙김.

(2) 존재를 구성(構成)하는 오온(五蘊:색수상행식 -
   色受想行識)의 마음 챙김

(3) 다섯 인식(認識)기관과 인식(認識)의 대상인 안
   이비설신의(眼耳鼻舌身議)와 색성향미촉법(色
   聲香味觸法)의 마음 챙김

(4) 일곱 가지 깨달음의 요소인 칠각지(七覺支) 곧
   념(念), 택법(擇法), 정진(精進), 희(喜), 경안(輕
   安), 정(定), 사(捨)의 마음 챙김

(5) 네 가지 성스러운 진리 사성제(四聖諦:苦集滅
   道)에 대한 마음 챙김

　　이상과 같이 위빠사나 수행은 사념처(四念處)를
중심으로 하고 있습니다. 그러나 부처님은 중생들이
가지고 있는 사상(四相) 곧 고정관념(固定觀念)을
모두 제거(除去)하기 위해 수행을 하라고 말씀하고

있습니다. 왜냐하면 부처님은 중생들이 가지고 있는 의식화(意識化)된 고정관념(固定觀念)을 사상(四相)이라 말씀하시면서 성불(成佛)하여 부처가 되려면 먼저 사상(四相)을 모두 버려야 한다고 말씀하고 있기 때문입니다. 사상(四相)은 무명의 중생들이 가지고 있는 4가지 상(相), 즉 아상(我相) 인상(人相) 중생상(衆生相) 수자상(壽者相)을 말합니다. 부처님께서 말씀하시는 사상(四相)의 아상(我相)은 자신의 상(相)을 말하며 인상(人相)은 타인(他人)의 상을 말하며 중생상(衆生相)은 단체나 그룹, 특히 종교 단체의 상(相)을 말하며 수자상(壽者相)은 성인(聖人)들의 상(相)을 말하고 있습니다.

이 4가지 상(相)은 어려서부터 듣고 보고 경험하면서 쌓아 만들어 놓은 관념(觀念), 즉 의식화(意識化)된 고정관념(固定觀念)을 말합니다. 이렇게 어려서부터 쌓아 단단히 굳어진 고정관념(固定觀念)들은 강철보다 더 단단하여 이 사상(四相)을 깨고 부순다는 것은 해탈(解脫)하기보다 어렵고 힘든 것입니다. 지금까지 수많은 스님들과 수행 불자들이 평생 동안 참선 수행을 해오고 있지만, 아직도 성불(成佛)하여 부처가 된 생불(生佛)이 없다는 것은 사상(四相)을 제거(除去)하기가 이렇게 힘들고 어렵다는 것을 말해주는 것입니다.

　부처님께서 무명의 중생들에게 자신이 소유하고 있는 상(相)들을 모두 버리라고 말씀하시는 것은 사상(四相)을 버리지 않으면 진리를 보고 깨닫는 것은 물론 사물(事物)조차도 올바로 볼 수 없고 따라서 해탈하여 열반(涅槃)에 들어갈 수 없기 때문입니다. 오늘날 남방 불교에서 행하고 있는 "위빠사나" 수행도 결국은 자신의 머릿속에 굳어진 고정관념(固定觀念)과 마음속에 들어 있는 욕심을 제거(除去)하기 위해 시작하게 된 것이라 생각합니다. "위빠사나"

수행을 하면 마음의 안정이나 평안이 오기 때문에 정신 질환이나 몸의 질병이 치료되어 건강해지기도 합니다.

그런데 요즈음 마음수련원이라는 곳에 가보면 조용하고 엄숙한 분위기를 만들어 놓고 지도자가 수련생에게 조용히 눈을 감고 모든 생각과 마음을 모두 내려놓으라고 한 후에 자신이 지시하는 말에 집중하라고 하면서 잠시 동안 혼을 이탈(유체이탈)시켜 색다른 체험을 하게 만들고 있습니다. 이러한 행위는 일종의 최면술(催眠術)로 최면사들이나 만신들도 행하는 일들입니다. 그런데 이러한 명상 수행은 불교나 기독교 그리고 천주교(기도원과 수도원)에서도 이미 행하고 있는 일들입니다. 때문에 많은 사람들이 자신의 문제나 병을 치료하기 위해서 "위빠사나" 수행처를 찾아가고 기도원을 찾아가고 심지어 무당(巫堂)집도 찾아가는 것입니다.

이러한 표적(表迹)이나 이적(異蹟)을 보고 자기 문제들을 해결하려고 수행처를 찾는 자들은 부처님의 뜻이나 성불하고는 아무 관계없이 오직 자신의 문제들을 해결하려는 무속 신앙(巫俗 信仰)입니다. 왜냐하면 "위빠사나"수행에는 지금까지 부처님이 행하신 수행을 올바로 알고 지도해 주는 스승이 없었고 또한 수행자들도 부처님께서 행하신 참선(參禪)을 잘 모르고 수행을 하기 때문입니다. 그러면 부처님께서 행하신 참선(參禪)은 어떤 수행일까요?

이제부터 부처님이 행하신 참선(參禪) 수행에 대하여 말씀드리겠습니다. 부처님께서 행하신 참선(參禪) 수행은 세상의 부귀영화(富貴榮華)나 건강 그리고 마음의 평안을 얻기 위해서 행하신 것이 아니라 생로병사(生老病死)가 계속되는 윤회(輪廻)에서 벗어나 영원한 생명을 얻어 부처가 되기 위해 수행을 하신 것입니다. 그러면 부처님께서는 수행을 어떻게 하여 성불하여 부처가 되신 것일까요? 이제 부처님이 행하셨던 수행의 과정을 살펴보기로 하겠습니다. 부처님은 어린 시절에 생로병사로 인해 많은 번민을 하시다가 영생(永生)의 길을 찾아 출가(出家)를 하셨고 여러 성인(聖人)들의 가르침과 그에 따른 수많은 고행(苦行)을 하며 수행을 하신 것입니다. 그런데 성인(聖人)들의 가르침과 수행도 부처님을 생로병사(生老病死)의 윤회(輪廻)에서 벗어나도록 인도하지 못한 것입니다.

부처님은 모든 것이 부질없다고 생각하고 네란자라 강으로 들어가 그 동안 더러워진 몸을 깨끗이 씻고 "수자타" 여인이 주는 유미(乳糜)죽을 먹은 후 보리수(菩提樹)나무 아래 앉아 참선(參禪)을 하시게 된 것입니다. 부처님은 보리수나무 아래 좌정(坐定)을 하시고 진리를 깨닫지 못하면 죽을지언정 다시 일어나지 않겠다는 사생결단(死生決斷)의 각오

로 참선(參禪)을 하시다가 결국 무상정등정각(無上
正等正覺)인 아뇩다라삼먁삼보리(阿耨多羅三藐三
菩提)의 진리를 깨달아 부처가 되신 것입니다. 때문
에 오늘날 불자들이 부처님께서 행하셨던 참선(參
禪)이나 명상 수행을 따라 행하고 있는 것입니다.

그런데 부처님이 더러운 몸을 씻기 위해 들어가
셨던 "네란자라강"과 굶주린 부처님께 수자타 여인
이 공양(供養)한 "유미(乳糜)"와 부처님께서 참선
(參禪)을 하며 앉아 계셨던 "보리수(菩提樹)나무"의
실체가 무엇인지 화두(話頭)의 비밀을 깨닫지 못한
다면 올바른 참선(參禪) 수행을 할 수 없고 따라서
진리를 깨달아 부처가 될 수 없다는 것입니다. 그러
므로 수행 불자들이 진리를 깨달아 부처가 되려면
부처님이 말씀하시는 해탈(解脫)과 성불(成佛)의 길
을 올바르게 알아야 합니다. 부처님께서 행하신 수
행과 성불(成佛)로 가는 길은 반야심경(般若心經)

260자 속에 모두 들어 있습니다. 그런데 안타깝게도 부처님이 오신지 2,600년이 지난 지금까지 반야심경(般若心經) 속에 감추어져 있는 해탈(解脫)과 성불(成佛)의 길을 분명히 모르고 있다는 것입니다.

반야심경(般若心經)은 부처님의 말씀이 담긴 팔만대장경(八萬大藏經) 가운데 보화(寶貨)중의 보화이며 경(經)중의 경(經)으로 반야심경(般若心經) 속에는 무명의 중생이 해탈(解脫)하여 부처가 되는 과정과 근원(根源)이 모두 함축(含蓄)되어 기록되어 있는 완전무결(完全無缺)한 법문(法門)입니다. 부처님께서 반야심경(般若心經)을 십대 제자 중에 유독(惟獨) 지혜가 제일 많은 사리자(舍利者)에게 말씀하신 것은 그 만큼 반야심경(般若心經)의 말씀이 깊고 오묘(奧妙)하여 이해하기가 어렵고 난해(難解)하기 때문입니다.

　그러므로 반야심경(般若心經)에 감추어져 있는 화두(話頭)의 비밀은 수천 년이 지난 지금까지 스님들이나 불교학자들이 올바르게 풀어내지 못하고 있었던 것입니다. 왜냐하면 부처님의 말씀은 모두 화두(話頭)로 되어 있기 때문에 혜안(慧眼)이 열리지 않으면 아무리 큰 스님이나 불교에 능통(能通)한 박사라 해도 그 깊은 뜻을 알 수도 없고 볼 수도 없는 것입니다. 때문에 부처님이 오신 이후 지금까지 수많은 큰 스님들과 내놓으라는 불교학자들이 있었지만 진리를 깨달아 혜안(慧眼)이 열려 부처가 된 생불(生佛)이 없었던 것입니다.

　그러므로 스님들이나 불자들은 지금까지 반야심경(般若心經)의 진정한 뜻을 모르는 상태에서 단지 예불(禮佛)을 드릴 때 의식(儀式)의 하나로 독경(讀經)을 하거나 주문(呪文)으로 사용하고 있었던 것입니다. 반야심경은 해탈(解脫)과 성불(成佛)의 시작과 끝(완성), 즉 무명의 중생이 해탈하여 관자재보살(觀自在菩薩)이 되는 근원(根源)과 그 과정, 그리고 관자재보살(觀自在菩薩)이 이타(利他)를 행하여 보리살타(菩提薩埵) 부처님을 거처 삼세제불(三世諸佛)로 완성되기까지의 과정을 모두 적나라(赤裸裸)하게 기록된 법문(法門)입니다.

그러므로 반야심경(般若心經)속에 감추어진 화두(話頭)의 비밀을 안다면 부처님의 말씀이 담긴 팔만대장경(八萬大藏經)을 모두 통달(通達)한 것과 같은 것입니다. 이제 부처님께서 행하신 참선(參禪) 수행을 반야심경(般若心經)에 기록된 법문(法門)을 통해서 살펴보기로 하겠습니다

2) 반야(般若)와 부처님이 행하신 참선(參禪)

관자재보살(觀自在菩薩) 행심반야바라밀다시(行深般若波羅蜜多時) 조견오온개공(照見五蘊皆空) 도일체고액(度一切苦厄)

상기의 법문(法門)에 처음 등장되는 관자재보살(觀自在菩薩)은 혜안(慧眼)이 열린 성자(聖子)로 타(他)에 의하지 않고 스스로 열반(涅槃)의 세계를 보는 깨달은 성인(聖人)을 말합니다. 그리고 이어지는 행심반야바라밀다시(行深般若波羅蜜多時) 조견오온개공(照見五蘊皆空) 도일체고액(度一切苦厄)은 무명(無明)의 중생이 관자재보살(觀自在菩薩)이 되는 과정(過程)과 그 근원(根源)을 말씀하고 있는 것입니다, 즉 부처님이 처음에 진리를 깨달아 관자재보살(觀自在菩薩)이 된 것은 행심반야바라밀다시(行深般若波羅蜜多時)에 조견오온개공(照見五蘊皆

空)을 하여 도일체고액(度一切苦厄)을 하였다는 것
입니다.

　석가모니(釋迦牟尼) 부처님이 성불(成佛)하기 전
의 이름은 '고타마 싯다르타' 이었습니다. 싯다르타
는 궁궐에서 나와 성인들을 찾아가 많은 가르침과
인간으로는 할 수 없는 고행을 참아내며 인욕정진
(忍辱精進)을 하였으나 진리를 깨닫지 못하여 결국
은 보리수나무 아래 앉아서 선정(禪定)을 시작하였
는데 이때 자신이 오온(五蘊)으로 구성(構成)되어
있는 무상(無常)한 존재라는 것을 깨닫고 모든 법
(法)과 제도(制度)의 틀에서 벗어나게 되었고 또한
생로병사(生老病死)의 윤회(輪廻)에서도 벗어나 관
자재보살(觀自在菩薩)이 되신 것입니다. 부처님은
자신이 행한 선정 수행(禪定 修行)을 행심반야(行深
般若)라 말씀하고 있습니다. 즉 부처님은 오직 반야
(般若)를 의지하여 간절한 마음으로 참선 수행을 하

셨다는 것입니다. 그런데 부처님께서 진리를 깨닫기 위해 의지한 반야(般若)를 스님들은 단순히 "지혜(智慧)"라고 말하고 있습니다.

　그러면 부처님께서 반야(般若)라고 말씀하시는 지혜(智慧)의 실체는 무엇일까? 부처님은 진리를 깨닫고 나서 반야심경(般若心經)을 통해서 반야(般若)는 시대신(是大神) 곧 참으로 큰 신(神)이라 말씀하고 있습니다. 그런데 불교에서 반야(般若)를 지혜 혹은 진리라 말할 뿐 반야(般若)가 곧 신(神)이라는 것을 모르기 때문에 신(神)을 부정(否定)하고 있는 것입니다. 왜냐하면 불교에서 석가모니(釋迦牟尼) 부처님은 아무런 도움도 받지 않고 자각(自覺)으로 진리를 깨달아 부처가 되셨다고 가르치고 있기 때문입니다. 그러나 부처님은 반야심경(般若心經)을 통해서 자신이 오온(五蘊)으로 구성(構成)되어 있는 무상한 존재라는 것을 보고 깨달은 것은 "조견(照

見)” 즉 반야의 도우심으로 보게 되었다고 말씀하고 있습니다.

그런데 스님들이나 불교학자들이 부처님이 말씀하신 행심반야바라밀다시(行深般若波羅蜜多時) 조견오온개공(照見五蘊皆空) 도일체고액(度一切苦厄)이라는 법문(法門)의 진정한 뜻을 모르기 때문에 스님들은 지금도 부처님은 보리수(菩提樹)나무 아래서 스스로 깨달아 부처가 되었다고 주장을 하고 있는 것입니다. 문제는 부처님이 오신지 2600년이 지난 지금까지 보리수(菩提樹)가 곧 반야(般若)라는 것을 모르고 있다는 것입니다. 왜냐하면 부처님께서 반야심경(般若心經)을 통해서 말씀하고 있는 “반야(般若)”는 화두(話頭) 중의 화두로 혜안(慧眼)이 없으면 볼 수도 없고 알 수도 없기 때문입니다.

오늘날 스님들이나 불자들이 평생 동안 수행을

해도 깨달아 부처가 되지 못하고 이 세상을 떠나는 것은 반야(般若)의 실체를 모르기 때문입니다. 그런 데 반야(般若)의 실체를 알려주어도 그동안 불교의 교리로 의식화(意識化)된 고정관념(固定觀念) 때문 에 믿지도 않을 뿐만 아니라 오히려 이단(異端)으로 배척(排斥)을 하고 있는 것입니다. 그러나 이 말씀 을 지금 부처님이 주시는 말씀으로 믿고 받아들인 다면 부처님의 가피(加被)를 받아 혜안(慧眼)이 열 릴 수도 있습니다.

부처님은 반야심경(般若心經)을 통해서 반야(般 若)는 시대신(是大神)이며 시대명(是大明)이요 시무 상(是無上)이며 시무등등(是無等等)이라 말씀하시 면서 반야심경(般若心經)은 시대신(是大神)의 말씀 곧 주(呪)라 말씀하고 있습니다. 즉 반야심경(般若 心經)은 반야 곧 시대신(是大神)의 말씀이라는 것입 니다.

왜냐하면 지혜(智慧)나 주(呪)나 진언(眞言)은 모두 실체가 존재할 때 그 존재로부터 나오는 것이지 존재가 없는 지혜(智慧)나 지식(知識)이나 주(呪)는 존재할 수 없기 때문입니다. 이렇게 부처님은 반야(般若)의 실체를 단순한 지혜나 지식이나 진언(眞言)이라 말씀하신 것이 아니라 반야(般若)는 시대신(是大神), 즉 참으로 크고 위대한 신이라고 말씀하신 것입니다. 그런데 브라만교의 아리아인들은 이미 반야(般若)를 창조(創造)의 신(神) 혹은 창조주(創造主)로 믿고 경외하며 섬기고 있었습니다. 그런데 불교는 지금까지 부처님께서 말씀하신 반야(般若)를 단순히 지혜라고만 말하며 신(神)은 존재하지 않는다고 신(神)을 말살(抹殺)해 버린 것입니다.

때문에 스님들은 지금도 불교에는 신(神)이 없다고 불자들에게 가르치고 있는 것입니다. 그러나 신(神)이 없는 종교는 인간의 단체나 모임일 뿐 종교나 신앙(神仰)이 아니라는 것을 알아야 합니다. 만일 싯다르타가 반야(般若)를 모르고 시대신(是大神)을 의지하지 않았다면 해탈(解脫)은 물론 성불(成佛)할 수가 없었다는 것을 알아야 합니다. 석가모니(釋迦牟尼) 부처님께서 반야(般若)의 실체를 깨닫고 반야심경(般若心經)을 통해서 반야(般若)는 "참으로 위대하고 큰 신(是大神)"이라고 분명하게 말씀하신 것입니다.

왜냐하면 부처님은 지혜(智慧)의 본체인 반야(般若) 곧 무상정등정각(無上正等正覺)인 아뇩다라삼먁삼보리(阿耨多羅三藐三菩提)를 깨닫고 반야(般若)는 시대신(是大神) 시대명(是大明) 시무상(是無上) 시무등등(是無等等) 주(呪)라 말씀하고 있기 때문입니다.

이렇게 부처님은 자신이 진리를 깨달아 성불(成

佛)하게 된 것은 반야(般若)에 의해서라 말씀하고 있는 것입니다. 만일 시대신(是大神)이신 반야(般若)가 존재하지 않는다면 깨달아 부처가 되는 것은 물론 이 세상의 인간이나 동물 그리고 식물들도 단 일순간도 생존할 수 없다는 것을 알아야 합니다. 사람이 죽으면 인명(人命)은 재천(在天)이라 말하는 것은 사람이 죽고 사는 것은 모두 하늘의 신(神)에게 달려 있다는 뜻입니다. 이렇게 시대신(是大神)이신 반야(般若)는 지금 이 순간에도 우주 만물과 인간들의 생사화복(生死禍福)을 모두 주관(主管)하고 계신 것입니다.

이와 같이 부처님께서 보리수(菩提樹)나무 아래 앉아서 참선(參禪)을 행하신 보리수(菩提樹)는 자연계에 서식하는 나무가 아니라 반야(般若)를 화두(話頭)로 말씀하신 것입니다. 왜냐하면 보리수는 깨달은 나무라는 뜻인데 진리를 깨닫는 것은 사람들만이 할 수 있는 일이며 나무는 나무일 뿐 진리를 깨달을 수 있는 존재가 아니기 때문입니다. 그러므로 보리수(菩提樹)는 깨달은 생불(生佛), 즉 시대신(是大神)이신 반야(般若)를 화두(話頭)로 말씀하고 있는 것입니다.

부처님은 그토록 수많은 사람의 가르침과 고행을 하셨으나 깨닫지 못하고 결국은 시대신(是大神)이신 반야(般若)의 도우심으로 깨달아 혜안(慧眼)이 열려 관자재보살(觀自在菩薩)이 되신 것입니다. 오늘날 스님들이나 수행자들이 수십 년 혹은 수억 겁을 수행해도 깨달아 부처가 되지 못하는 이유는 신(神)을 부정하며 신(神)을 의지하지 않기 때문입니다.

이어지는 바라밀다시(波羅蜜多時)의 "파라(波羅)"는 피안(彼岸), 열반(涅槃)이라는 뜻이며 다시(多時)는 수많은 시간, 즉 부처님께서 깨닫기 위해 전생(前生)과 전(前)전생(前生)을 수없이 오고 가면서 수억 겁 동안 깨닫기 위해 행하셨던 수행 기간을 말하고 있습니다. 그리고 부처님께서 깨달아 부처가 되신 것은 자각(自覺)에 의한 것이 아니라 반야(般若), 즉 시대신의 도우심으로 오온(五蘊)이 공(空)한 것을 깨닫고 도일체고액(度一切苦厄)을 하신 것입니다. 때문에 이어지는 법문(法門)이 조견오온개공(照見五蘊皆空)인 것입니다.

부처님이 말씀하신 조견오온개공(照見五蘊皆空)은 자신의 존재가 오온(五蘊)으로 구성(構成)되어 있는 공(空)한, 즉 무상(無常)한 존재라는 것을 보았다는 것인데 자신이 오온(五蘊)으로 구성(構成)되어 있는 무상(無常)한 존재라는 것을 자신 스스로 본 것이 아니라 조견(照見)하여, 즉 배후에 어떤 존재(般若)로 부터 비췸(도움)을 받아 탐, 진, 치로 구성되어 있는 자신의 존재를 보게 되었다는 것입니다.

그런데 부처님 배후에서 오온(五蘊)이 개공(皆空)하다는 것을 알도록 도와 주신 분이 바로 반야(般若) 곧 시대신(是大神)이라는 것입니다. 이렇게 부처님은 자신의 존재나 반야를 자각(自覺)이 아니라 조견(照見), 즉 신(是大神)의 도우심으로 깨달았다고 말씀하신 것입니다. 그런데 불자들은 이러한 사실을 모르고 부처님은 스스로 깨달아 부처가 되었다고 주장을 하며 지금도 불교에는 신(神)이 존재하지 않는다고 주장을 하고 있는 것입니다. 그러나 인간들의 생사화복(生死禍福)은 물론 자연 만물까지 주관하시는 분은 시대신(是大神) 곧 반야(般若)입니다. 때문에 시대신(是大神)께서 지금이라도 스님들이나 불자들을 부른다면 단 일순간도 지체하지 못하고 떠나갈 수밖에 없는 나약한 존재들입니다. 이렇게 시대신(是大神) 앞에서 인간들의 존재는 풍전등화(風前燈火)나 파리 목숨과 같이 나약(懦弱)한 존재라는 것을 알아야 합니다.

불자들은 이러한 사실을 직시(直視)하고 지금이라도 반야(般若)를 시대신(是大神)으로 믿고 받아들여야 합니다. 따라서 수행 불자들이 "명상 수행"이나 "위빠사나 수행" 을 하는 것은 자신의 평안이나 자신이 원하는 욕심을 채우기 위해서 할 것이 아니라 부처님에 뜻대로 무명의 중생이 생로병사(生老病死)의 윤회(輪廻)에서 벗어나 해탈(解脫)성불(成佛)하여 부처가 되기 위해 수행을 해야 합니다.

3) 오온(五蘊)과 도일체고액(度一切苦厄)

부처님께서 도일체고액(度一切苦厄)을 하신 것은 자신의 존재가 오온(五蘊)으로 구성(構成)되어 있는 무상한 존재라는 것을 보고 깨달아 모든 제도(制度)의 틀과 고액(苦厄)에서 벗어났다는 뜻입니다. 그러면 부처님이 말씀하시는 오온(五蘊)은 무슨 뜻이며 사람의 어떤 기관들을 말씀하시는지를 먼저 알아야 합니다. 지금까지 스님들이나 불자들이 반야심경(般若心經)을 날마다 독경(讀經)하면서도 아직 오온(五蘊)의 실체를 분명하게 모르고 있다는 것입니다. 왜냐하면 부처님도 자신의 존재가 오온(五蘊)으로 구성(構成)되어 있다는 것과 오온(五蘊)이 모두 공(空)하다는 것을 스스로 보고 깨달은 것이 아니라 조견(照見), 즉 반야(般若)의 도우심으로 보고 깨달았다고 말씀하고 있기 때문입니다.

오온(五蘊)은 불교에서만 사용하는 용어로 인간의 존재가 색, 수, 상 , 행, 식(色受想行識)의 다섯 기관으로 형성되어 있다는 것입니다. 오온(五蘊)에서 말하는 색(色)은 몸, 수(受)는 마음, 상(想)은 생각, 행(行)은 색(色)수(受)상(想)에 의해 나타나는 동작 그리고 식(識)은 세상을 살아가면서 보고 듣고 느끼고 행한 경험에 의해 알게 된 인식(認識)을 말하고 있습니다. 이렇게 식(識)은 세상을 살아가면서 듣고 보고 경험한 것들이 쌓여진 인식(認識)들이 굳어진 것인데 이를 고정관념(固定觀念)이라 말하며 사람들은 자신 안에 형성된 식(識) 곧 고정관념(固定觀念)으로 살아가기 때문에 식(識)은 곧 자신의 실체(實體)라 할 수 있습니다.

이렇게 오온(五蘊)은 사람의 각 기관(器官)을 분리하여 말하고 있는데 인간의 실체인 혼(생명)은 언급(言及)하고 있지 않습니다. 그런데 아무리 튼튼하고 건강한 오온(五蘊)을 가지고 있는 인간이라 해도 만일 오온(五蘊) 안에 혼(魂), 즉 생명이 없다면 그 사람은 죽은 사람입니다. 예를 들면 자동차가 아무리 좋은 새 차라 해도 사람이 차에 타서 운전을 하지 않으면 차는 조금도 움직일 수 없는 것과 같습니다. 이와 같이 오온(五蘊)은 혼(魂)이 입고 있는 옷과 같기 때문에 사람의 실체는 오온이 아니라 오온

안에 들어 있는 혼령(魂靈)을 말하고 있습니다.

　그러므로 사람의 수명이 다하면 혼(魂)은 몸(육체)에서 나와 내생(來生)으로 가서 다시 새 몸(오온)을 입고 태어나게 되는 것입니다. 이렇게 윤회(輪廻)되는 사람의 생명은 오온(五蘊)이 아니라 혼(魂)인 것입니다. 이렇게 사람의 혼(魂)이 오온(五蘊)이라는 옷을 입었다 벗었다 하며 전생(前生)과 현생(現生)과 내생(來生)을 오고 가는 것인데 이를 윤회(輪廻)라 말하는 것입니다. 이렇게 성불(成佛)하여 부처가 되는 생명도 오온(五蘊)이 아니라 오온(五蘊) 안에 들어 있는 혼령(魂靈)을 말하고 있는 것입니다. 때문에 인간의 실체는 혼(魂)이며 오온(五蘊)은 혼(魂)을 담고 있는 그릇이며 또한 혼령(魂靈)이 잠시 입고 있다가 벗어 버리는 옷과 같은 것입니다.

　그러므로 사람의 마음을 닦는다는 것은 전생에

업(業)으로 더러워진 혼령(魂靈)을 깨끗이 닦는다는 뜻입니다. 중생들이 이 세상에 태어나는 것은 전생에 자신이 쌓은 업(業)을 모두 씻지 못해서 태어나는 것인데 만일 이 생에서도 부처님의 말씀으로 전생의 업(業)을 깨끗이 씻지 못하거나 오히려 업(業)을 다시 쌓는다면 내생에 지옥과 같은 열악(劣惡)한 환경에 태어나 고통을 받게 되는 것입니다. 그러나 이생에서 선업(善業)을 쌓으며 부처님의 말씀으로 업(業)을 모두 깨끗이 씻고 해탈(解脫)이 된다면 생로병사(生老病死)의 윤회(輪廻)에서 벗어나 부처가 되는 것입니다. 때문에 부처님께서 전생의 업(業)을 모두 씻고 해탈(解脫)하여 부처가 되는 길을 사성제(四聖諦)와 팔정도(八正道) 그리고 육바라밀(六波羅蜜)이라 가르쳐 주시고 계신 것입니다.

왜냐하면 부처님도 예외 없이 사성제(四聖諦)와 팔정도(八正道) 그리고 육바라밀(六波羅蜜)의 과정을 통해 수행을 하셔서 해탈(解脫)하여 부처가 되셨기 때문입니다. 그러므로 오늘날 불자들은 자신의 번뇌망상(煩惱妄想)의 고통에서 벗어나 마음의 평안을 얻기 위해 명상 수행이나 위빠사나 수행을 할 것이 아니라 부처님과 같이 생로병사(生老病死)의 윤회(輪廻)에서 벗어나 해탈(解脫) 성불(成佛)하여 부처가 되기 위해서 수행을 해야 합니다. 불교가 진정 부처님의 뜻에 따라 세워졌고 지금도 부처님의 뜻을 이루기 위한 불교라면 모든 가르침과 의식(儀式) 그리고 수행의 목적이 오직 해탈(解脫)하여 부처가 되는 것이라야 합니다.

만일 불교의 가르침이나 각종 의식 그리고 위빠사나 수행이나 명상 수행의 목적이 해탈(解脫)과 성불(成佛)이 아니라면 부처님이 세운 종교가 아니라 스님들이 사심으로 개인의 영리를 취하기 위해서 부처님의 이름으로 세운 사업체(事業體)일 뿐입니다. 왜냐하면 부처님께서 생전에 가르치고 행하신 일들과 불경에 기록된 부처님의 말씀들이 모두 무명의 중생을 제도(濟度)하여 깨달아 부처를 만드는 일이 기록되어 있기 때문입니다. 그러므로 오늘날 불자들은 부처님의 뜻을 올바로 알고 기복(祈福)과 교리 신앙에서 벗어나 올바른 부처님의 가르침을 받아 해탈(解脫) 성불(成佛)하여 부처가 되어야 합니다. 때문에 부처님께서 보리수나무 아래서 깨달아 해탈(解脫) 성불(成佛)하신 후 녹야원(鹿野苑)에서 수행하고 있는 동료들을 찾아가 해탈(解脫)과 성불(成佛)의 길인 사성제(四聖諦)를 설(說)하신 것입니다.

부처님이 성불(成佛)하신 후에 최초로 설(說)하신 사성제(四聖諦) 속에는 해탈(解脫)과 성불(成佛)의 길이 완벽하게 담겨져 있습니다. 그러므로 이제 부처님이 설(說)하신 사성제(四聖諦)에 대하여 말씀드리겠습니다.

4) 사성제(四聖諦)와 팔정도(八正道)

사성제(四聖諦)는 부처님께서 해탈로 가는 길을 넷으로 분류하여 가르쳐 주신 법문으로 고집멸도(苦集滅道)를 말합니다. 사성제(四聖諦)는 부처님께서 보리수나무 아래서 해탈을 하신 후 당시에 부처님과 함께 수행을 하였던 동료들이 머물고 있는 녹야원(鹿野苑)으로 찾아가서 그들에게 설한 최초의 법문(法門)입니다. 사성제(四聖諦)는 모든 불경을 대표하는 법문이라 해도 과언이 아닐 만큼 중요한 법문(法門)입니다. 왜냐하면 팔만대장경(八萬大藏經) 안에 있는 모든 법문이 바로 부처님께서 가르쳐 주신 사성제를 중심으로 하여 설(說)해 놓았다 해도 과언이 아닐 만큼 중요하기 때문입니다.

이렇게 모든 경(經)들은 사성제로 집약(集約)되어 있는데 왜 이렇게 사성제(四聖諦)가 중요한가 하는 것은 바로 사성제 안에 중생들이 해탈할 수 있는 길이 모두 담겨 있기 때문입니다. 이 때문에 사성제(四聖諦)는 부처님께서 중생들에게 가르쳐 주신 최고의 법문(法門)이며 한없이 거룩하며 성스러운 말씀이기에 성제(聖諦)라고 말합니다. 사성제(四聖諦)는 부처님께서 불자들이 해탈로 가는 길을 네 가지로 분류하여 말씀을 하신 것입니다.

첫째 : 인간의 모든 고통을 가르쳐 주는 고성제
　　　　(苦聖諦)
둘째 : 고통의 원인을 가르쳐 주는 집성제
　　　　(集聖諦)
셋째 : 모든 고통을 멸하는 멸성제(滅聖諦)
넷째 : 모든 고통에서 벗어나는 길인 도성제
　　　　(道聖諦)

　이제 해탈(解脫)로 가는 길인 사성제(四聖諦)에 대하여 한절 한절 구체적으로 알아보기로 하겠습니다.

(1) 고성제(苦聖諦) : 고통의 근원과 벗어나는 길

　고성제(苦聖諦)는 해탈로 가는 길의 첫 번째 가르침으로 고(苦)는 육신의 고통과 정신적 괴로움을 총칭(總稱)하고 있습니다. 인간들의 고통은 무엇 때문에 일어나는 것이며 부처님은 무슨 이유로 고(苦)를 거룩한 성제(聖諦)라고 말씀하신 것일까요? 불자들은 부처님이 말씀하시는 고를 단순히 인간의 삶 속에서 환난(患難)이나 재앙(災殃)을 통해서 나타나는 고통이라 생각하겠지만 부처님께서는 인간 자체를 고(苦)라 말합니다. 왜냐하면 고(苦)는 인간 내면에 자리 잡고 있는 욕심, 즉 삼독(三毒)인 탐(貪), 진(瞋), 치(癡)에 의해서 나타나기 때문입니다. 즉 욕심이 없으면 고통도 발생하지 않는다는 말입니다. 그런데 욕심의 주체가 바로 자신입니다. 이렇게 인간의 욕심은 자신이 존재하기 때문에 나타나는 것입니다. 이 때문에 부처님은 인간의 고통은 자신에 대한 집착(욕심), 즉 오온(五蘊)의 집착이라고 말씀하고 있는 것입니다.

불교에서는 고(苦)를 셋으로 분류하고 있는데 삼고(三苦)는 다음과 같습니다.

첫째 고고성(苦苦性) : 인간들의 전생과 현생의 삶 속에서 자신의 악업에 의한 인과응보로 받는 일반적인 고통과 괴로움.

둘째 괴고성(壞苦性) : 생활 환경이나 상호 조건들이 변하여 받는 괴로움과 고통. 예를 들면 큰 사업을 하던 부자가 갑자기 망하게 되어 받게 되는 고통이나 사랑하던 연인의 마음이 변하여 떠나갔을 때 나타나는 고통.

셋째 행고성(行苦性) : 오온에 대한 집착, 즉 자신 안에 있는 욕심(탐, 진, 치)에 의해 나타나는 괴로움 과 고통.

상기와 같이 고(苦)를 셋으로 분류하는데 부처님 께서 말씀하시는 고(苦)는 행고성(行苦性)에 해당됩 니다. 부처님께서는 인간들이 이 세상에 태어난 그 자체를 고(苦)라고 말씀하고 있는데, 그 이유는 오 온(五蘊)으로 구성되어 있는 인간이 바로 고의 실체 이기 때문입니다. 이렇게 육적 고통과 정신적 고통 은 모두 자신의 마음속에서 일어나는 욕심 때문에 나타나는 것입니다. 그런데 무지한 인간들은 자신 안에 있는 욕심을 버리려 하지 않고 자신이 받는 고 통만 괴로워하면서 어떤 방법으로든지 고통을 피해 가려고 합니다. 이렇게 중생들이 가장 싫어하는 것 이 화(禍)요, 가장 좋아하는 것은 복(福)입니다. 이 때문에 중생들은 절이나 교회 혹은 만신 집이라도 찾아가서 복(福)은 받으려 하고 화(禍)는 피하려 하는 것입니다. 그런데 부처님은 고통이 바로 해탈로 가는 길이며 거룩한 진리라 말씀하고 있습니다. 그러면 부처님께서 불자들에게 가르쳐 주는 고(苦)의 진정한 의미는 과연 무엇일까요?

사람들은 불신자나 신자를 막론하고 복은 받고 싶어 하지만, 고통은 어떠한 방법으로도 피하려고 합니다. 이렇게 중생들이 싫어하고 피하려는 고통을 부처님은 오히려 해탈로 가는 길이며 성스러운 진리라 말씀하고 있습니다.

이렇게 중생들을 괴롭히는 고(苦)를 거룩한 성제(聖諦)라고 하시는 부처님의 말씀을 불자들은 도저히 이해할 수 없는 것입니다. 그러나 부처님의 가르침을 통해서 그 깊은 뜻을 알게 된다면 고(苦)가 바로 성스럽고 거룩한 최고의 진리라는 것을 누구나 자인(自認)하게 될 것입니다. 그러면 부처님께서 말씀하시는 고(苦)의 실체는 무엇이며 고(苦)가 중생들에게 가르쳐 주는 진정한 의미는 무엇일까요?

중생들은 단순히 인간들에게 다가오는 화(禍)나, 재앙(災殃)이나, 각종 재난(災難)들을 고(苦)라 생각하고 있지만 부처님은 고(苦)가 잘못된 삶을 살아가는 인간들을 올바로 잡아주는 채찍이요 몽둥이라고 말씀하십니다. 이렇게 고(苦)는 인생이 무상(無常)하다는 것을 일깨워 주며 인간의 욕심이 곧 죄라는 것을 깨닫게 하여 진리(신)를 찾아 신앙생활을 할 수 있도록 인도해 주는 것입니다.

또한 인간의 잘못된 생각과 잘못된 삶을 깨닫게 해주는 것이 고(苦)요, 부패된 마음을 회개시켜 올바른 길로 인도하여 주는 것이 바로 고(苦)입니다. 병들어 죽어가는 사람만이 병원의 의사를 찾아가

살려 달라고 애원하듯이 심한 고통을 받아 사경(死境)을 헤매고 있는 사람만이 신(神)을 찾게 되고 신앙생활도 하게 됩니다. 이렇게 목마른 사슴이 시냇물을 찾듯이 고통 받고 있는 사람만이 인간의 한계(限界)를 느끼고 부처님을 찾아 진리를 따라가는 것입니다. 이 때문에 사람들이 젊어 고생은 사서도 한다, 실패는 성공의 어머니다, 그리고 아이를 키울 때 사랑하는 자식은 매로 키운다는 말을 하는 것입니다. 이렇게 고(苦)는 잘못된 인간을 올바르게 잡아주고, 미완성된 인간을 완성으로 만드는 실체가 바로 고(苦)입니다. 이렇게 화(禍)를 당한 자나 혹은 고통을 받고 있는 자만이 자신의 잘못을 돌아볼 수 있고 잘못된 삶을 참회(懺悔)하면서 올바른 길을 찾아 가게 됩니다.

출가 수행을 하는 스님들이 고행을 자청(自請)하는 것은 바로 이러한 이유 때문입니다. 석가모니 부처님께서 세상의 부귀영화(富貴榮華)를 미련 없이 버리고 출가를 하신 것도 고통 속에서 살아가는 중생들을 통해서 자신의 무상(無常)함을 보았기 때문입니다. 만일 중생들에게 고통이나 괴로움이 없다면 진리나 영생을 찾는 사람은 단 한사람도 없을 것입니다.

이렇게 고통은 무명(無明)의 중생들을 진리로 인도하고 영원한 세계로 인도해 주는 소중한 것입니다. 출가 수행자들은 반드시 만행(萬行)이라는 고행(苦行)의 과정을 겪는데 이것은 고행(苦行)을 통해서 진리를 깨달으려는 것입니다. 만행(萬行)이란 세속에 나가 걸식을 해 가면서 많은 고통을 직접 체험하는 것인데 이러한 고통을 통해서 내적 자신의 존재를 발견하고 깨닫는 것입니다. 이렇게 고(苦)만이 중생들의 삶을 새롭게 변화시킬 수 있으며 인간들에게 해탈(解脫)의 길을 열어 주는 것입니다.

이렇듯 고(苦)는 중생들에게 없어서는 안 될 보약(補藥)과 같은 것으로 무명의 중생들에게는 빛과 같고 병들어 죽어가는 자에게는 의사와 같은 것이며 해탈의 길을 찾아가는 자들에게는 부처님과 같이 소중한 것입니다. 중생들이 이러한 사실을 깨닫는다면 고통을 거부하고 피하려는 것이 아니라 오히려 고통을 향해 감사하게 될 것입니다. 이렇게 중생들에게 보화 같이 소중한 고통을 어떻게 싫다고 배척하며 적대시할 수 있단 말입니까? 부처님께서 가르쳐 주신 이러한 고(苦)에 성제(聖諦)라는 단어를 붙인 것은 당연지사(當然之事)가 아닙니까?

그러면 인간들이 받는 고통은 무엇 때문에 일어나는 것이며 고(苦)의 근본 뿌리는 과연 무엇일까요? 부처님은 중생들에게 고(苦)의 근원(根源)을 집(集)이라 말씀하시면서 고(苦)의 근본 뿌리인 집성제(集聖諦)에 대하여 가르쳐 주신 것입니다. 그러므

로 이제 해탈로 가는 두 번째 길인 집성제(集聖諦)
에 대해서 알아보기로 하겠습니다.

(2) 집성제(集聖諦) : 고통의 근원인 욕심

집성제(集聖諦)는 해탈로 가는 두 번째의 길로 부
처님께서 말씀하시는 집성제(集聖諦)는 인간의 고
통을 일으키는 집(集), 즉 고(苦)의 근원에 대하여
말씀하신 것입니다. 집(集)이라는 뜻은 집념, 집착,
고집 등의 의미로 집은 인간의 욕심 때문에 나타납
니다. 그러므로 부처님께서 말씀하시는 집은 곧 인
간의 욕심을 말합니다. 이렇게 집(集)은 고(苦)를 일
으키는 원인이 되는 욕심을 말하는데, 부처님께서
집성제를 통해서 말씀하시는 집은 사람들의 내면에
깊이 자리 잡고 있는 인간의 욕심을 말합니다. 왜냐
하면 모든 고통은 자신 안에 있는 욕심으로 인해서
집(集)이 발생되기 때문입니다.

이렇게 인간들의 번뇌망상(煩惱妄想)은 욕심 때문에 일어나는 것이며 모든 고통도 과욕(過慾) 때문에 발생되는 것입니다. 출가 수행자들이 수행 정진(修行 精進)을 하다가 결국 해탈(解脫)에 이르지 못하고 도중에 포기하는 것도 자신 안에 있는 욕심을 버리지 못하기 때문입니다. 이렇게 인간의 고통을 발생시키는 근원이 욕심과 탐심(貪心)인데 부처님은 이를 집(集)이라 말씀하신 것입니다. 이와 같이 인간의 욕심은 내적 탐심(貪心)에 의해서 외적으로 표출되어 나타나는 것인데 이를 탐욕(貪慾)이라고도 말합니다. 불교에서 탐욕을 셋으로 분류하여 말하는데 다음과 같습니다.

첫째, 욕애(欲愛) : 심적, 정신적, 감각의 쾌락에 대한 집착.
둘째, 유애(有愛) : 물질의 소유욕에 대한 집착과 갈등.

셋째, 무유애(無有愛) : 무소유와 보이지 않는 세계
에 대한 집착.

　인간들의 이러한 욕심과 집착심(執着心)이 생존
경쟁의 삶 속에서 거짓과 다툼을 일으키며 나아가
서는 죄를 범하게 하고 살인도 불사하게 만드는 것
입니다. 오늘날 국내외적으로 일어나는 노사 분규
(紛糾)나 정치적 당파(黨派) 싸움이나 국가 간의 전
쟁이 모두 탐심(貪心)과 욕심(慾心) 때문에 일어나
는 것입니다. 문제는 부처님을 모시고 신앙생활을
하는 불교 안에서도 욕심과 탐심 때문에 신도들이
나 스님들 간에 분쟁이 일어나고 서로 폭언과 폭행
까지 하고 있다는 것입니다.

　스님들은 무엇 때문에 거룩한 부처님의 존전(尊
前)에서 날마다 합장(合掌)을 하며 발원(發願)하고
있습니까? 또한 신도들은 무엇 때문에 부처님을 향

해 무릎이 닳도록 절을 하며 불공을 드리고 있습니까? 불자들의 대부분이 복을 받기 위한 기복 신앙(祈福 信仰)으로 자신이 하고 있는 일들이나 가정에 만사형통(萬事亨通)이나 운수대통(運數大通)을 바라는 것이며 또한 스님들은 불자들이 바라고 원하는 욕심을 채워주기 위해 부처님께 중보(仲保)기도를 해 주고 있는 것입니다.

이 모두가 자신의 욕심을 채우기 위한 집착심(執着心) 때문인데 이들은 욕심이 곧 악이요, 죄라는 것을 전혀 모르고 있습니다. 부처님께서는 불자들에게 욕심이 곧 죄이기 때문에 신앙생활을 통해서 자신 안에 들어 있는 욕심과 탐심을 버리라고 말씀하고 있습니다. 성경에도 "욕심이 잉태하면 죄를 낳고 죄가 장성하면 사망에 이르게 된다" 는 말씀이 있습니다. 그런데도 불구하고 스님들은 부처님을 통해 만사형통(萬事亨通)과 운수대통(運數大通)의 복을 받

으라고 신도들의 욕심을 부추기며 신도들은 부처님
으로부터 넘치는 복을 받으려고 온갖 정성을 다하고
있습니다. 이렇게 오늘날 불교나 기독교나 할 것 없
이 모두 기복 신앙과 무속 신앙으로 전락(轉落)해 버
린 것입니다. 이 때문에 출가 수행(出家 修行)을 하
는 수행자들도 평생 동안 수행을 해도 해탈이 되지
않는 것입니다. 왜냐하면 출가 수행을 하는 자들 안
에도 속세로부터 뿌리 깊게 박혀 있는 전도몽상(顚
倒夢想)과 고정관념(固定觀念)으로 말미암아 자신
안에 들어 있는 욕심을 버리지 못하기 때문입니다.

　이렇게 중생들 안에 뿌리 깊게 박혀 있는 욕심들
은 무명의 중생들을 괴로움과 고통의 지옥으로 몰
아넣는 것이며 결국 죽음에까지 이르게 하는 것입니
다. 그러면 이러한 욕심들은 언제 어디로부터 시작
되었는가를 알아보기로 하겠습니다. 놀라운 사실은
욕심은 어린아이들이 이 세상에 태어나면서 자신의

부모로부터 시작이 된다는 사실입니다. 왜냐하면 부모들이 세상에서 못다 채운 욕심을 자식에게라도 채워보려는 마음으로 자식을 키우기 때문입니다.

부모들은 자식이 어릴 때부터 "너는 언제나 이겨야 한다, 일등이 되어야 한다, 너는 커서 장군이 되어야 한다, 대통령이 되어야 한다" 는 등으로 순수한 어린 아이들에게 욕심을 가르치며 욕심과 탐심(貪心)을 불어 넣어 주는 것입니다. 그런데 어린이들이 학교에 들어가면 욕심이 다시 선생님으로부터 이어집니다. 선생님들은 학생들에게 "너희들은 공부를 열심히 해야 한다, 일등을 해야 한다, 일류 대학에 들어가야 한다" 하면서 철모르는 아이들에게 계속 경쟁심과 탐심(貪心)을 키워주는 것입니다.

이러한 인간들의 욕심은 세상의 빛과 소금이 되는 종교, 즉 불교나 기독교가 앞장서서 제거해 주고

착하고 진실하게 살도록 가르쳐 생명의 길로 인도를 해야 하는 것입니다. 그럼에도 불구하고 불교는 신도들에게 만사형통(萬事亨通), 운수대통(運數大通)을 빌어 주며 기독교는 삼십 배, 육십 배, 백배의 축복으로 교인들의 욕심을 부추기고 있습니다. 이 때문에 신앙인들은 복을 받으려는 욕심으로 혈안이 되어 신앙생활을 열심히 하는 것입니다. 그러므로 불자들의 신심(信心)이 많다는 말이나 신앙에 열심이라는 말을 듣는 자들은 그만큼 욕심이 많다는 뜻입니다. 스님들은 신도들에게 부처님의 뜻에 따라 욕심을 버리라고 가르치고 진실한 마음으로 변화시켜 주어야 하는 사명을 가지고 있어야 함에도 불구하고 오히려 욕심으로 부채질하고 있는 것입니다. 그러므로 순수한 신앙인들의 마음은 더욱 부패해지고 더 사악해지는 것입니다. 이렇게 어릴 때부터 부모로부터 시작된 욕심이 학교 선생님들로 이어져 결국 종교 지도자들에 의해서 완숙(完熟)되어 지는 것입니다.

만일 부모님들이 어린아이들에게 처음부터 선(善)을 가르치며 진실을 가르쳐 자신의 이익이나 욕심보다 진실을 마음속에 심어 주었다면 이 세상은 다툼이나 분쟁이 없는 평안하고 행복한 세상이 되었을 것입니다. 인간들 안에서 계속되는 욕심과 그에 따른 욕구는 과학문명의 발전을 가져왔지만 그와 더불어 지구의 공해(公害)를 발생시키게 되었고 지구의 오존층을 파괴하여 기상이변(氣象異變)을 일으켜 결국 지구를 병들게 만든 것입니다. 지구가 병들어 균형을 잃게 되면 그에 따른 지진이나 홍수가 발생되는 것이며 그 결과 가뭄과 기근과 질병으로 나타나게 됩니다. 결국 지구가 파괴되면 인간들은 지구와 함께 모두 멸망(滅亡)하게 된다는 말입니다. 처음에 작은 곳에서부터 시작된 욕심이 이렇게 무서운 결과를 초래하게 되는 것입니다.

그러므로 부처님은 고(苦)의 원인이 곧 집(集)이라고 말씀하시면서 인간들이 고통에서 벗어나려면 집(集)의 근원인 욕심을 버리라고 가르쳐 주신 것입니다. 만일 인간들 안에 있는 욕심을 모두 멸(滅)하거나 깨끗하게 제거할 수 있다면 인간의 고통과 괴로움은 자연히 소멸(消滅)될 것이며 언제나 평안하고 행복한 삶을 영유(永有)하게 될 것입니다. 그러므로 부처님은 집(集)과 욕심을 멸하는 길인 멸성제(滅聖諦)를 가르쳐 주신 것입니다.

(3) 멸성제(滅聖諦) : 집(욕심)을 멸하는 길

부처님께서 해탈로 가는 세 번째의 길을 멸성제(滅聖諦)라 말씀하고 계신데 멸(滅)이라는 뜻은 소멸, 소실, 죽음, 사라짐 등의 의미를 가지고 있습니다. 부처님께서 해탈로 가는 세 번째의 길을 멸성제(滅聖諦)라고 말씀하신 것은 욕심의 근원인 집(集)을 소멸하지 않으면 해탈이 될 수 없기 때문입니다.

만일 부처님의 말씀대로 인간들 안에 있는 욕심을 모두 제거할 수 있다면 이 세상이 언제나 평안과 행복이 계속되는 극락(極樂)과 같은 세상이 될 것입니다. 문제는 인간들 안에 뿌리 깊게 자리 잡고 있는 욕심을 어떻게 제거하느냐 하는 것입니다.

출가 수행(出家 修行)을 하는 스님들이 평생 동안 수행 정진(修行 精進)을 해도 욕심을 제거하지 못하는데 아직 출가도 하지 않은 불자들이 어떻게 욕심을 버릴 수 있단 말입니까? 그러나 부처님은 욕심을 멸(滅)할 수 있는 길이 있기 때문에 불자들에게 멸성제(滅聖諦)를 가르쳐 주신 것입니다. 그런데 스님들이나 불자들이 지금까지 욕심을 버리지 못한 것은 첫째, 욕심을 멸(滅)하는 길이나 방법을 몰랐기 때문이며 둘째는, 욕심을 버리려는 마음이 없기 때문입니다.

왜냐하면 인간 자체가 욕심으로 형성되어 있기 때문에 신앙생활이나 수행(修行)도 욕심을 버리기보다 오히려 채우려 하기 때문입니다. 인간의 욕심은 전생부터 가지고 온 것이기 때문에 욕심을 버리기가 힘들기도 하지만 그에 따라 욕심을 버리는 기간도 무척 오래 걸린다는 것을 알아야 합니다. 즉 얼음이 어는 시간이 있고 녹는 시간이 있듯이 욕심을 쌓은 기간만큼 버리는 기간도 걸린다는 말입니다.

그러므로 사람에 따라서 몇십 년 혹은 몇백 년 혹은 몇천 년이 걸리는 사람도 있습니다. 그런데 심각한 문제는 중생들이나 불자들이 한결같이 지금도 욕심을 버리는 것이 아니라 더 쌓고 있다는 것입니다. 그 이유는 불신자나 신자나 한결같이 욕심이 있어야 잘살 수 있고 욕심이 많아야 출세를 하여 성공할 수 있다고 생각하기 때문입니다. 이렇게 불자들도 부처님의 가르침과는 전혀 상반(相反)되는 신앙생활을 하고 있는 것입니다.

　부처님은 불자들에게 세속(世俗)의 모든 욕심을 버리고 진실하고 청정(淸靜)한 마음이 되라고 가르치고 있습니다. 부처님도 세상의 모든 욕심을 버리고 출가를 하셨기 때문에 해탈을 하게 되신 것입니다. 그런데도 불구하고 오늘날 불자들은 어떻게 하든지 출세를 하고 성공을 해서 이 세상의 부귀영화를 마음껏 누리려는 욕심으로 신앙생활도 하고 있는 것입니다. 이들은 욕심은 많을수록 좋은 것이며 욕심에 비례(比例)하여 성공도 크게 할 수 있다고 생각합니다. 이렇게 이 세상을 살아가는 중생들에게 욕심은 필요하고 소중한 것이기 때문에 버리지 못하는 것입니다.

　만일 어떤 사람이 정말 욕심이 없다거나 가지고 있는 욕심을 버린다면 그 사람은 이 세상의 삶을 포기한 사람처럼 취급을 당하게 됩니다. 사람들이 욕심을 포기한다는 것은 바로 자신의 삶을 포기한 것으로 간주(看做)하기 때문입니다. 그러므로 신앙생활도 욕심이 있는 사람 혹은 욕심이 다른 사람보다 많은 사람들이 더욱 열심히 하는 것입니다. 이 때문에 신앙생활을 열심히 한 사람들이 내생에 더 깊은 지옥으로 들어가게 되는 것입니다. 부처님께서 불자들에게 가르쳐 주시는 참 뜻은 세상에 대한 집착심(執着心), 즉 욕심을 버리라는 것입니다. 그런데 불자들은 정반대로 어떻게 하든지 부처님으로부터 복을 많이 받아 이 세상의 부귀영화(富貴榮華)를 마음껏 누리려 하고 있습니다. 이렇게 불자들의 욕심은 신앙생활을 통해서 더욱 더 가중(加重)될 뿐입니다. 이 때문에 해탈의 길은 오히려 멀어져 간 것이며 불자들에게 해탈의 소망은 이미 사라져 버린 지 오래인 것입니다. 그러면 불자들이 욕심에서 벗어나 해탈할 수 있는 길은 정녕 없단 말입니까? 그렇지 않습니다. 왜냐하면 부처님께서 이미 육바라밀(六波羅蜜)과 사성제(四聖諦)를 통하여 욕심에서 벗어나는 길을 분명하게 알려 주셨기 때문입니다.

그럼에도 불구하고 불자들이 욕심을 버리지 못하고 욕심에 종 노릇을 하며 살아가는 것은 진리에 대한 무지 때문입니다. 즉 부처님의 뜻을 모르고, 인생의 진정한 의미를 모르고, 오온(五蘊)이 개공(皆空)한 것을 모르기 때문이라는 말입니다. 중생들이 인생은 무상(無常)하며 아침에 잠간 보이다 사라지는 안개와 같다고 말은 잘 하면서도 인생의 무상함을 피부로 느끼지 못하고 살아갑니다.

만일 인간의 존재가 무상하다는 것을 분명히 알고 깨닫는다면 자신 안에 있는 집(集)을 멸(滅)할 수가 있습니다. 왜냐하면 인간의 집, 즉 욕심의 근본 실체가 바로 오온(五蘊)인 자신의 존재이기 때문입니다. 그러므로 석가모니 부처님께서는 오온의 집착이 바로 고(苦)이며 오온의 집착을 벗는 것이 바로 해탈(解脫)이라고 말씀하고 있습니다. 즉 모든 욕심과 집착심(執着心)은 자신의 존재인 오온(五蘊)에서 시작된다는 말입니다.

만일 무상(無常)한 존재인 자신을 포기하거나 자신의 존재가 부정되어 무아(無我)의 상태가 된다면 집착(執着)은 발생할 수도 없고 욕심 역시 존재할 수가 없습니다. 이와 같이 불교에서 열반(涅槃)이란 탐욕(貪慾)을 완전히 끊어 버림이요 탐욕으로부터의 분리(分離)를 말합니다. 이렇듯 마음속에 있는 모든 탐욕의 불이 꺼지고 마음이 맑고 평온한 상태가 되면 그것을 바로 열반(涅槃)이라 합니다. 결국 탐욕의 발생은 자신의 존재인 오온(五蘊)에서 발생이 되는데 오온의 실체는 바로 자신입니다.

　그러므로 욕심을 버린다는 것은 자신을 버린다는 말이며 곧 자신의 의지를 모두 포기한다는 말입니다. 부처님께서 자아(自我)를 버리고 무아(無我)가 되라고 하시는 것은 바로 이 때문입니다. 왜냐하면 자아(自我)를 버리고 무아(無我)가 되어야 해탈(解脫)이 되어 진아(眞我)로 태어나기 때문입니다. 부처님께서 말씀하시는 진아(眞我)는 곧 해탈된 부처님의 생명을 말합니다. 그런데 불자들이 자기의 존재이며 생명인 자아를 버리거나 포기한다는 것은 불가능한 일입니다. 그러므로 부처님께서 자아(自我)를 버리고 욕심과 탐심을 소멸(燒滅)할 수 있는 길을 가르쳐 주신 것입니다. 그 길이 바로 사성제의 마지막 길인 도성제(道聖諦)입니다.

　이렇게 중생들이 자아(自我)를 버리고 무아(無我)가 되는 길은 오직 부처님의 말씀, 즉 도(道)밖에 없습니다. 그러면 부처님의 말씀인 도(道)는 무엇이며 불자들에게 어떻게 말씀하고 있는가요? 부처님께서 말씀하시는 도(道)는 해탈로 가는 길이며, 진리이며, 생명을 말합니다. 왜냐하면 도(道)는 곧 부처님을 말하는데 부처님 안에는 반야(般若)의 생명(진리)이 존재하기 때문입니다. 부처님은 해탈을 하기 위해 수많은 고행(苦行)을 참아내며 수행(修行)을 하셨고, 유명한 스승의 가르침을 받아 보았지만 아무런 소용이 없었다고 말씀하십니다. 그런데 부처님께서 모든 수행(修行)을 포기하고 보리수나무 아래서 오직 반야(般若)를 의지하고 참선(參禪)을 하고 있을 때 해탈이 되셨다고 말씀하십니다. 결국 부처님은 반야에 의해서 해탈이 되셨고 그때 부처님 안에 반야(般若)의 생명이 임하게 된 것입니다. 이 때문에 부처님은 반야의 생명이며 그의 입에서 나오는 말씀도 진리요 생명인 것입니다.

그러므로 불자들이 자아를 버리고 해탈을 할 수

있는 길은 오직 부처님의 말씀입니다. 이 때문에 부처님께서 집(集)을 버리고 자아(自我)를 버리는 유일한 길은 오직 도성제(道聖諦)라는 것입니다. 그러므로 불자들이 자아를 버리고 해탈을 하려면 오직 부처님의 가르침을 받아야 합니다. 문제는 오늘날 부처님과 같이 살아 있는 생불(生佛)이 있느냐 하는 것입니다. 그런데 부처님은 오늘날도 성불(成佛)한 부처님이 변함없이 살아 계시다고 말씀하십니다. 왜냐하면 석가모니 부처님은 떠나 가셨지만, 부처님 안에 있던 생명은 부처님의 제자들을 통해서 지금까지 이어져 내려오고 있기 때문입니다. 그러므로 불자들은 오늘날 부처님이 계시느냐 보다 부처님이 지금 어디 계시느냐고 물어야 합니다.

그런데 안타까운 것은 오늘날 부처님이 계시다는 것을 믿지도 않을 뿐만 아니라 설령 부처님이 지금 불자들 앞에 계신다 해도 전혀 알아보지를 못하고 있다는 것입니다. 이것은 불자들이 지금까지 신앙생활을 하면서 세상의 복에만 관심을 두었지 부처님의 실체나 그의 가르침에 대해서는 알려고 하지도 않았기 때문입니다. 그러므로 오늘날 불자들은 하루속히 기복 신앙(祈福 信仰)에서 벗어나 부처님의 진리를 찾아가야 합니다. 부처님께서 무명(無明)의 중생(衆生)이라고 말씀하시는 것은 중생들에게 빛이 없다는 말이요, 빛이 없다는 것은 곧 부처님의 진리가 없다는 말입니다.

이렇게 중생들이 어둠 뿐인 것은 중생들 안에 삼독(三毒)인 탐(貪), 진(瞋), 치(癡)가 들어 있기 때문입니다. 그러므로 불자들이 수행을 통해서 삼독(三毒)을 멸(滅)하고 어둠에서 벗어나려 하지만 지금까지 어둠에서 벗어나 해탈이 된 자가 별로 없었습니다. 왜냐하면 어둠은 벗으려 한다 해서 벗어지고 버린다 해서 버려지는 존재가 아니기 때문입니다. 아침에 밝은 태양이 떠오를 때 한밤의 칠흑 같은 어둠이 물러가듯이 부처님의 진리가 중생들 안에 들어오면 어둠은 사라져 버리는 것입니다. 그러므로 부처님께서 욕심과 탐심을 소멸하는 길인 도성제를 가르쳐 주신 것입니다.

(4) 도성제(道聖諦) : 해탈로 가는 길

도성제(道聖諦)는 해탈로 가는 길에 가장 중요한 핵심이 되는 부처님 진리를 말합니다. 도(道)는 깨달음의 길, 해탈(解脫)의 길, 성불(成佛)의 길, 열반(涅槃) 등을 말하는데 부처님께서 말씀하시는 도(道)는 진리를 말합니다. 불교에서 진리는 참이며, 진실이며, 영원한 것이라 말하는데 부처님은 진리 안에 생명이 없다면 진리가 아니라고 하십니다. 즉, 진리는 영원한 생명이고 생명은 곧 진리라는 말입니다. 그런데 부처님이 말씀하시는 생명은 인간들의 생명이 아니라 반야(般若)의 생명, 즉 신(是大神呪)

의 영원한 생명을 말합니다.

　이것은 성경 요한복음 1장 1절에 기록된, 말씀(진리)이 곧 하나님이라는 것과 같은 뜻입니다. 이렇게 부처님께서 반야(般若)를 시대신주(是大神呪)라 말씀하신 것은 반야가 곧 신(神)이시며 반야심경(般若心經)은 신의 말씀이라는 뜻입니다. 그러므로 부처님께서 말씀하시는 도는 반야(般若)의 생명, 즉 진리를 말하는 것입니다. 이 때문에 불자들이 고(苦)와 집(集)을 멸(滅)하기 위해서는 반드시 부처님의 말씀(道), 즉 진리(신의 말씀)를 받아들여야 합니다. 불자들은 그보다 먼저 반야(시대신주:是大神呪)를 신으로 믿고 의지해야 합니다. 그런데 불자들이 반야(般若)를 단순히 지혜로만 믿고 신으로 받아들이지 않는다면 절대로 고(苦)와 집(集)을 멸할 수 없고 해탈도 될 수 없다는 것을 알아야 합니다.

왜냐하면 시대신주(是大神呪)이신 반야만이 능제일체고(能除一切苦), 즉 중생들의 모든 고통(苦와集)을 제거해 주실 수 있기 때문입니다. 부처님께서 오온(五蘊)이 개공(皆空)한 것을 보시고 도일체고액(度一切苦厄)을 하여 부처가 되신 것도 반야(般若)를 의지했기 때문입니다. 그러므로 중생들이 고(苦)의 근원인 집(集)을 멸하고 해탈하여 부처가 되려면 먼저 반야(般若)를 신으로 믿고 의지해야 하며 또한 부처님의 말씀에 따라서 올바른 수행(修行)과 정도(正道)의 삶을 살아야 합니다. 왜냐하면 부처님의 말씀과 수행(修行), 즉 정도(正道)의 삶이 병행되지 않으면 해탈하여 부처가 될 수 없기 때문입니다.

그러므로 오늘날 불자들이 해탈하여 부처가 되려면 반드시 부처님의 가르침에 따라서 팔정도(八正道)의 수행과 그에 따른 올바른 삶을 살아가야 하는 것입니다. 때문에 부처님께서 불자들에게 팔정도를 가르쳐 주신 것입니다. 왜냐하면 사성제를 중심으로 하여 팔정도(八正道)의 삶을 살아갈 때 자신 안에 들어 있는 욕심과 탐심이 점진적(漸進的)으로 사라지기 때문입니다. 그러므로 팔정도의 삶이 부처님께서 불자들에게 행하라는 "참선"이며 "위빠사나"이며 진정한 "명상 수행"인 것입니다. 이렇게 부처님의 가르침에 따라 팔정도(八正道)의 삶을 살아갈 때 자신 안에 들어 있는 욕심이 조금씩 사라지고 청정심(淸淨心)이 되어 성불(成佛)하게 되는 것입니다.

그러므로 진정한 불자들이라면 팔정도(八正道)는 어느 누구나 삶 속에서 지키고 행해야 하는 것입니다. 그런데 부처님께서 행하라는 팔정도(八正道)가 무슨 뜻인지 그리고 어떻게 행해야 하는지를 모르면 올바른 수행을 할 수가 없습니다. 그러므로 이제부터 부처님이 가르쳐 주신 팔정도(八正道)에 대해서 구체적으로 살펴보기로 하겠습니다. 그런데 팔정도(八正道)는 본래 십정도(十正道)입니다. 왜냐하면 정견(正見)을 하려면 먼저 정청(正聽), 즉 올바로 들어야 하며 올바로 들으려면 정신(正信) 곧 올바로 믿어야 하기 때문입니다.

그런데 석가모니 부처님을 이미 부처님으로 믿으며 부처님의 말씀을 듣고 있는 부처님의 제자들에게는 정신(正信)이나 정청(正聽)을 할 필요가 없는 것입니다. 그러나 무명(無明)의 중생들은 물론 수행 불자들은 먼저 정신(正信)과 정청(正聽)부터 시작을 해야 정견(正見)을 할 수 있는 것입니다. 그래서 오늘날 불자들이 지켜야 할 정도(正道)는 팔정도(八正道)가 아니라 십정도(十正道)인 것입니다.

십정도(十正道)

1 ▶ 정신(正信)

　모든 일의 시작은 믿음, 즉 신뢰로부터 시작됩니다. 왜냐하면 어떠한 일을 시작할 때나 가르침을 받을 때에 믿음, 즉 하고자 하는 일에 믿음이 가지 않는다거나 가르치는 사람을 신뢰하지 못한다면 아무것도 할 수 없기 때문입니다. 이렇게 부처님에 대한 믿음이나 신뢰가 없다면 절대로 부처님의 말씀을 듣거나 보거나 할 수 없습니다. 이 말은 부처님을 믿지 않는다면 부처님의 말씀을 들을 수 없고, 부처님의 말씀을 듣지 않는다면 절대로 부처님의 말씀을 보거나 깨달을 수 없다는 말입니다. 그런데도 불구하고 팔정도는 부처님에 대한 믿음(正信)과 들음(正聽)을 제거하고 정견(正見)부터 시작하고 있습니다.

이것은 부처님을 믿지 않고도 부처님의 말씀을 들을 수 있고 말씀을 듣지 않고도 볼 수 있다는 말입니다. 만일 어떤 사람이 부처님을 믿지 않고도 부처님의 말씀을 들을 수 있고, 부처님의 말씀을 듣지 않고도 부처님의 말씀을 볼 수 있다면 그 사람은 깨달은 사람이거나 부처님입니다. 이렇게 해탈의 길을 가는 불자들에게 정신(正信)과 정청(正聽)은 중요한 것입니다. 오늘날 불자들이 지금까지 해탈의 길을 가지 못하고 교리에 머물러 있는 것은 해탈로 가는 길의 시작과 근원인 정신(正信)과 정청(正聽)을 모르기 때문입니다. 이렇게 믿음은 모든 일의 근원이라 할 수 있는데 마치 건축을 할 때 기초석(基礎石)과 같은 것입니다. 사람이 옷을 입을 때 양복의 첫 단추를 잘못 끼우면 옷이 모두 뒤틀리듯이 처음에 부처님을 올바로 믿지 않으면 해탈의 길은 오히려 더 멀어지게 됩니다.

이렇게 해탈의 길을 출발하는 불자들에게 믿음은 그 무엇보다도 중요한 것입니다. 예수님께서 나를 믿는 자는 구원을 얻고 내 말을 듣는 자는 살아날 것이라고 말씀하신 것은 구원의 시작이 곧 예수를 신뢰하는 믿음이기 때문입니다. 이렇게 팔정도(八正道)에 믿음이 없다면 기초석(基礎石)을 놓지 않은 상태에서 집을 짓는 것과 같은 것입니다. 이 때문에 해탈의 길을 가는 불자들은 무엇보다 먼저 부처님을 믿어야 합니다. 이렇게 부처님을 올바로 믿고 신뢰할 때 부처님의 가르침을 들을 수 있는 것입니다.

이와 같이 해탈로 가는 수행 불자들에게 가장 중요한 것은 부처님에 대한 올바른 믿음이라 할 수 있습니다. 그러므로 해탈로 가는 길의 첫 관문이며 첫 길은 정견(正見)이 아니라 정신(正信)이며 팔정도가 아니라 십정도(十正道)입니다. 이 때문에 해탈로 가

는 두 번째 길은 정신(正信)에 이어 정청(正聽)인 것
입니다.

2 정청(正聽)

정청(正聽)은 부처님의 말씀을 올바로 들으라
는 말입니다. 왜냐하면 부처님의 말씀을 아무리 많
이 듣고 열심히 공부를 한다 해도 부처님의 가르침
을 잘못 듣거나 자기 욕심을 채우기 위해서 듣는다
면 아무런 소용이 없기 때문입니다. 이렇게 부처님
을 올바로 믿고 부처님의 말씀을 올바로 듣는 것
은 매우 중요한 것입니다. 오늘날 불자들을 가르치
는 스님들이 불자들에게 부처님의 말씀을 왜곡(歪
曲)하거나 거짓 증거를 하는 것은 스님들의 사심(私
心) 때문에 부처님의 올바른 가르침을 듣지 못하고
불자들을 가르치기 때문에 나타나는 현상입니다. 결

국 스님들이 부처님의 말씀을 사심(私心) 없이 올바로 듣느냐 아니면 자기 욕심을 채우기 위해서 듣느냐에 따라서 불자들을 올바로 가르칠 수 있고 그릇 가르칠 수도 있는 것입니다. 오늘날 스님들이 불자들에게 부처님의 말씀을 통해서 운수대통(運數大通)과 만사형통(萬事亨通)을 빌어 주며 부처님의 거룩한 말씀을 기복(祈福)으로 왜곡(歪曲)시키고 있는 것은 스님들 안에 내재되어 있는 욕심 때문입니다. 이 때문에 지금까지 불교 안에 부처님의 진리를 올바로 깨달은 스님들이 없고 해탈의 길은 멀어져만 가는 것입니다. 이렇게 부처님의 말씀을 올바로 듣는 정청(正聽)은 스님들이나 불자들에게 중요한 것입니다. 그러므로 욕심을 버리고 해탈로 가는 길이 정신(正信) 뒤에 정청(正聽)입니다.

그런데 이렇게 중요한 정신(正信)과 정청(正聽)을 팔정도에서 제외시켜 버린 것입니다. 때문에 스님들이 기독교는 믿는 신앙이지만, 불교는 보는 신앙이라 자랑스럽게 말하고 있습니다. 이것은 마치 스님들이 불교는 초등학교나 중학교를 거치지 않고 고등학생이 되었다고 주장하는 것과 같습니다. 이것은 모두 부처님의 진정한 뜻이나 말씀을 모르는 무지(無知)의 소치(所致)입니다. 그러나 불자들이 가는 해탈(解脫)의 길이나 기독교가 가는 부활(復活)의 길은 오직 반야(하나님)가 정해 놓은 길을 순서대로 걸어가야 이루어지는 길입니다. 그리고 영생(永生)의 길은 오직 한 길이며 절대로 둘이 될 수 없고 다른 길도 없다는 것을 알아야 합니다.

왜냐하면 신(神)은 하나이며 진리도 하나이고 영생(永生)으로 가는 길도 하나이기 때문입니다. 이렇게 부처님의 말씀을 잘못 듣는다거나 욕심으로 잘못 받아들인다면 해탈의 길은 오히려 점점 멀어질 수밖에 없습니다. 그러므로 부처님을 올바로 믿는 것도 중요하지만 부처님의 말씀을 올바로 듣는 것도 매우 중요합니다. 이 때문에 첫째는 부처님을 올바로 믿어야 하며, 둘째는 부처님의 말씀을 올바로 듣고 이해해야 하는 것입니다. 왜냐하면 부처님을 올바로 믿고 부처님의 가르침을 올바로 듣지 않고는 부처님의 말씀을 올바로 볼 수 없기 때문입니다. 이 때문에 정견(正見)을 하려면 먼저 정신(正信)과 정청(正聽)을 해야 합니다. 이렇게 정신과 정청을 하는 수행자들이 정견(正見)을 할 수 있는 것입니다.

3 ▶ 정견(正見)

정견(正見)은 부처님의 말씀을 올바로 보라는 말입니다. 부처님의 말씀을 올바로 보기 위해서는 먼저 부처님을 올바로 믿고 그의 가르침을 올바로 들어야 합니다. 그런데 부처님을 올바로 믿지 않거나 부처님의 말씀을 올바로 듣지 않는다면 절대로 부처님의 말씀을 올바로 볼 수 없습니다. 이 때문에 정견(正見)을 할 수 있는 부처님의 제자들은 정신(正信)과 정청(正聽)의 과정을 모두 거친 자들입니다. 그러므로 수행 불자들이 정견(正見)을 올바로 행하려면 먼저 정견에 대하여 올바로 이해하는 것이 중요합니다. 정견(正見)이란 바르게 보라는 뜻인데 부처님께서 말씀하시는 정견의 깊은 뜻은 육안으로 보이는 외적 세계는 물론 보이지 않는 내면의 세계까지 분명하고도 확실하게 보라는 말입니다. 이렇게 부처님께서 말씀하시는 정견은 열반(涅槃)의 세계, 즉 진리를 올바로 보라는 것입니다. 불자들이 사물을 정확히 보지 못하면 실수를 하게 되고 진리를 올바로 보지 못하면 해탈의 길을 갈 수가 없습니다.

그러므로 올바로 보는 것은 무엇보다 중요한 것

입니다. 그런데 불자들이 진리나 열반(涅槃)의 세계를 올바로 보지 못하는 것이 아니라 육안으로 보이는 현실도 바로 보지 못하고 있습니다. 이렇게 불자들이 부처님의 진리를 올바로 보지 못하기 때문에 평생을 신앙생활을 하고 산속에 들어가 수행을 해도 해탈이 되지 않는 것입니다. 그러므로 진리를 분명하고 확실하게 본다는 것은 무엇보다 중요합니다. 모든 문제의 시작은 듣거나 보는데서부터 시작되는 것이며 올바르게 듣고 보느냐 아니면 올바로 듣고 보지 못하느냐에 성공과 실패가 결정이 되는 것입니다.

수행자들이 화두(話頭) 하나를 붙잡고 1년 혹은 10년 혹은 평생토록 참선(參禪)을 하는 것은 정견(正見), 즉 바르게 보고 올바르게 이해하여 화두의 배후에 숨겨져 있는 깊은 뜻을 깨닫기 위함입니다. 이렇게 정견(正見)은 중생들에게 가장 기초적이며 가장 중요한 위치를 차지하고 있는 것입니다. 만일 중생들이 언제나 바른 생각과 바른 마음과 올바른 눈으로 진리를 바라보며 사물을 자세히 관찰하는 삶이 생활화된다면 부처님의 진리도 깨달아서 반드시 견성성불(見性成佛)을 하게 될 것입니다. 그런데 불자들이 정진 수행(精進 修行)을 하면서 올바르게 볼 수 없는 것은 올바른 생각, 즉 맑고 깨끗한 정신이 없기 때문입니다.

중생들이 올바른 생각을 가지려면 마음에 사심(私心)이나 욕심이 없어야 합니다. 욕심을 버릴 때만이 모든 사물과 진리를 올바르게 관찰할 수 있고 그 배후에 숨겨진 비밀까지도 볼 수 있습니다. 결국 정견(正見)을 할 수 있는 사람은 바른 눈을 가진 사람이 아니라 바른 생각을 가진 자라는 것입니다. 그러므로 불자들이 깨달음을 얻으려면 먼저 참회(懺悔)하는 마음을 가지고 더러워진 생각, 즉 전도(顚

倒)된 몽상(夢想)을 버리고 올바른 생각을 가져야 하는 것입니다. 이 때문에 이어지는 말씀이 정사유(正思惟)입니다.

정사유(正思惟)는 정견(正見) 뒤에 이어지는 말씀으로 부처님께서 말씀하시는 정사유는 보고 느낀 것을 올바르게 생각을 하라는 말입니다. 왜냐하면 어떠한 문제나 사건들을 아무리 올바로 직시하였다 해도 잘못된 생각, 즉 사심이나 욕심을 가지고 생각을 하게 된다면 잘못된 판단과 나쁜 결과를 가져오게 되기 때문입니다. 이 때문에 올바르게 보는 것도 중요하지만 올바른 생각을 해야 한다는 말입니다.

그러므로 정견(正見) 뒤에 바른 이해와 바른 생각

은 무엇보다 중요한 것입니다. 사람들이 잘못된 생각을 하는 것은 곧 정의(正義)를 생각하지 않고 오직 자신의 실리(實利)나 자신의 욕심만을 채우려는 데서 발생합니다. 불자들이 욕심을 버리고 언제나 올바른 생각과 진실한 마음으로 바른 판단을 하고 살아간다면 언젠가는 부처님과 같은 생각과 마음으로 변화될 것이며 반드시 해탈에도 이르게 될 것입니다. 그러나 중생들은 전도(顚倒)된 몽상(夢想), 즉 이 세상의 외식(外飾)과 거짓으로 포장된 것을 듣고 보면서 머릿속에 입력시켜 이 세상을 살아가고 있습니다.

이렇게 이 세상의 무상(無常)한 것들에 의해서 머릿속에 쌓인 생각들이 바로 고정관념(固定觀念)이 되는 것인데 이것이 곧 자신의 존재입니다. 불자들이 거짓되고 욕심이 많은 것은 부처님의 말씀에 따라 살아가는 것이 아니라 세상을 바라보고, 세상을 의지하며 살았기 때문입니다. 이것은 불자들이 부처님의 말씀을 도외시하고 어릴 때부터 자신의 실리(實利)와 유익만을 추구하며 욕심으로 살아왔기 때문에 나타나는 현상입니다. 그러므로 부처님은 불자들에게 자신의 유익만을 생각하고 행동하지 말고 양심에 묻고 행동하라는 것입니다. 왜냐하면 생각은 거짓되지만 마음은 진실하기 때문입니다. 선한 양심은 바로 부처님의 마음을 말하는데 부처님의 마음은 진리를 통해서 불자들에게 잘 보여주고 있습니다. 이렇게 정사유(正思惟)는 선한 양심을 가지고 살아갈 때만이 가능합니다. 그러므로 진정한 불자라면 오직 부처님의 진리만을 주야로 묵상하며 진리에 따라서 진실한 마음을 가지고 살아가야 합니다. 이렇게 진실한 마음을 가진 사람은 자신이 본 것을 올바르게 생각하게 됩니다.

그러므로 정견(正見)을 한 후에는 반드시 정사유

(正思惟)를 하고 정사유를 하기 위해서는 진실한 마음을 가지라는 것입니다. 이것이 곧 부처님께서 말씀하신 정사유(正思惟)입니다. 그런데 아무리 잘 보고 올바로 생각을 한다 해도 그 보고 생각한 바를 올바르게 말로 전달하지 못한다면 아무런 소용이 없습니다. 이 때문에 부처님은 정사유에 이어 정어(正語)를 가르쳐 주신 것입니다.

5 **정어(正語)**

정어(正語)란 바른말, 즉 진실한 말을 말합니다. 중생들이 바른 말을 하기 위해서는 사물을 올바로 보고 정확히 판단해야 합니다. 만일 사물을 올바로 보지 못하거나 올바른 생각을 하지 않고는 절대로 바른 말을 할 수가 없습니다. 이렇게 바른 말은 반드시 바르게 보고 올바른 생각을 가진 자만이 할 수

있는 것입니다. 요즈음 이 세상에 사기꾼과 도적들
이 들끓고 부정부패(不淨腐敗)가 난무하는 사회가
된 것은 바로 잘못된 사고(思考)와 거짓된 말에서
비롯된 것입니다.

그러므로 사람들이 이것만은 "진실이다, 진실이
다" 하는 말 속에도 거짓이 숨어 있는 부패한 사회
가 되었습니다. 그보다 더 중요한 것은 진실과 진리
를 가르치고 전해야 하는 종교 지도자들도 진리를
왜곡(歪曲)하여 비 진리를 진리인 것처럼 가르치며
전파하는 세상이 되어 버린 것입니다. 옛말에 "입은
삐뚤어졌어도 말은 똑바로 하라"는 말이 있습니다.
이것은 너무나 거짓과 외식(外飾)이 난무(亂舞)하는
세상이 되었다는 것을 말해 주는 것입니다.

사람의 말 한마디가 상대의 마음을 상하게 할 수
도 있고 기쁘게 할 수도 있습니다. 더 나아가서는 진

실한 말 한마디로 인하여 죽을 사람이 살 수도 있으며, 거짓말이나 부주의한 말 때문에 사람이 억울하게 죽을 수도 있는 것이 바로 말입니다. 요즈음 인터넷에 올린 악성 댓글로 인해서 유명 배우가 자살을 하게 되고 그에 따른 동반 자살자들이 등장을 하는 것을 매스컴을 통해서 볼 수 있습니다. 이렇게 있지도 않은 사실을 만들어 사람을 곤경에 빠뜨려 자살하도록 만드는 것은 간접 살인에 해당하는 것입니다. 이러한 범죄를 하면서도 자신은 통쾌하게 생각을 하겠지만 앞으로나 내생에 자신이 받아야 할 그 죗값의 고통에 대해서는 전혀 모르고 있습니다.

그러므로 말 한마디를 하더라도 신중을 기울여서 올바르고 진실하게 해야 합니다. 그런데 만일 수행 불자들이 말을 바르게 하지 않거나, 거짓을 말한다면 진리의 길은 갈 수가 없고 가서도 안 됩니다. 이 때문에 부처님께서 불자들에게 정어(正語)를 가르쳐 주신 것입니다.

사람들이 하는 말을 세분화하면 여러 부류의 종류들이 있습니다.

(가) 쓸데없는 말을 주고받는 잡담
(나) 사람을 웃기려는 농담
(다) 사람을 저주하는 악담
(라) 사람에게 도움을 주는 덕담
(마) 진리를 전하는 도담.

상기의 말 중에 가장 귀하고 소중한 말을 도담(道談)이라 하는데, 도담은 깨달은 부처님들의 입에서 나오는 말씀을 말합니다. 중생들이 열심히 듣고 알아야 하는 말이 곧 도담(道談)입니다. 오늘날 불자들이 부처님의 입에서 나오는 감로수(甘露水)와 같은 말씀을 날마다 듣고 그 말씀대로 살아간다면 반드시 해탈에 이르게 될 것입니다. 문제는 오늘날 득도(得道)를 하여 성불(成佛)한 산부처가 존재하고 있느냐 하는 것입니다. 그러나 부처님께서 말씀하시기를 산부처는 어느 시대 어느 곳에나 항상 계시다고 말씀하십니다.

반야(般若)가 영원 전부터 영원까지 시공(時空)을 초월하여 계신 것과 같이 성불한 부처님들도 삼세제불(三世諸佛)이 되어 전생(前生)이나 현생(現生)에 그리고 내생(來生)까지도 항상 불자들과 함께 계신 것입니다. 단지 중생들이 혜안(慧眼)이 없어 부처님이 눈앞에 와 계신다 해도 보지 못할 뿐입니다. 그러므로 불자들은 부처님을 향하여 자신의 욕심을 채우기 위해 구하고 찾지 말고 오늘날 살아 계신 부처님을 친견(親見)하기 위해 간절한 마음으로 기도해야 합니다. 그러면 부처님의 가피(加被)로 오늘날 살아 계신 부처님을 만나게 될 것입니다. 이렇게 진실한 마음을 가지고 올바른 말을 하면서 신앙생활을 열심히 한다면 부처님을 만나게 될 것이며 해탈에도 이르게 될 것입니다. 그러므로 오늘날 불자들은 부처님의 말씀에 따라 정견(正見)과 정사유(正思惟)에 이어 정어(正語)를 반드시 생활화해야 합니다. 그런데 아무리 올바른 생각을 하고 올바른 말을 한다 해도 그의 삶이 올바르지 않다면 아무 소용이 없는 것입니다. 이 때문에 부처님은 정어(正語)에 이어 정업(正業)을 가르쳐 주신 것입니다.

6 ▶ 정업(正業)

정업(正業))은 사람의 바른 행위나 행동을 말합니다. 불교에서 업(業)이라 함은 행업(行業), 즉 전생에 지은 선업(善業)이나 악업(惡業)을 말하고 있는데 부처님께서 말씀하시는 정업(正業)은 선한 직업이나 악한 직업을 말하는 것이 아니라 올바른 일, 즉 정당한 행위를 말합니다. 그런데 어떤 불교 학자들은 정업(正業)을 올바른 직업 혹은 정당한 직업이라 말하기도 합니다. 예를 들면 불자들은 정육점이나 술장사 혹은 보신탕집 같은 직업을 갖지 말라는 것입니다. 그러나 부처님께서 말씀하시는 정업(正業)은 불자들이 가지고 있는 직업에 국한된 것이 아니라 불자들의 모든 행위, 즉 올바른 삶을 말씀하고 있습니다.

이것은 수행 불자들이라면 모든 삶이 정직하고 진실하여 세상의 빛과 소금과 같은 존재가 되어 중생들에게 모범이 되어야 한다는 뜻입니다. 중생들이 세상을 살아가면서 말은 진실한 척하면서 실제 행동은 전혀 다른 사람들이 많습니다. 즉 언행(言行)이 일치하지 않는다는 말입니다. 이렇게 언행이 다른 사람들은 대개 자신의 허물이나 불리함은 감추고 자기 의(義)만 나타내려는 자들입니다. 이런 자들은 언제나 자기의 실리(實利)나 이권을 취하려는 욕심 때문에 언행이 일치(一致)하지 않는 것입니다. 이렇게 거짓된 행동을 하게 되면 그 악업이 쌓여 현생이나 내생에 고통을 받게 되는 것입니다.

중생들의 모든 화복(禍福)은 행업(行業), 즉 사람의 행위에서 나타납니다. 선업(善業)은 복으로 나타나며 악업(惡業)은 고통으로 나타나는 것입니다. 이렇게 사람의 행위가 앞으로 나타날 삶의 중요한 결과를 가져오게 됩니다. 이렇게 중생들의 생활 속에 고의(故意)로 혹은 무심코 짓는 업이 이생뿐만 아니라 내생에까지 이어지게 되는 것입니다. 그런데 중생들이 짓는 행업 중에 제일 많이 짓는 악업이 구업(口業)입니다. 왜냐하면 중생들은 이 세상을 살아가면서 말을 제일 많이 하고 분별없이 함부로 하기 때문입니다.

이 세상에서 사람들이 하는 말을 녹취 혹은 도청을 하듯이 불자들이 하는 말도 천상에 모두 녹음이 된다는 것을 알아야 합니다. 그러므로 수행 불자들은 물론 중생들도 말을 함부로 해서는 안 됩니다. 수행 불자들은 항상 선한 말을 하고 남에게 덕이 되는 말을 해야 합니다. 이렇게 중생들의 업(行業)이 현생이나 내생에 인과응보(因果應報)로 나타나기 때문에 수행 불자들은 항상 부처님의 가르침에 따라 올바르게 행동하면서 진실하게 살아야 하는 것입니다. 오늘날의 종교, 즉 불교나 기독교는 신앙인들에게 진실과 올바른 삶을 가르쳐 신앙인들에게 이 어두운 세상을 밝히는 빛으로 만들어 이 세상을 극락과 천국과 같이 평온하고 행복한 곳으로 만들기 위해서 세워진 것입니다. 그런데 안타깝게도 오늘날 종교는 이러한 사명(使命)을 감당하지 못하고 있습니다. 왜냐하면 옛말에 "중이 염불에는 관심이 없고 젯밥에만 가 있다"는 말과 같이 오늘날 종교는 영혼을 구제(救濟)하는 것보다 욕심에 치우쳐 있기 때문입니다. 이 때문에 오늘날 종교들이 사업화되고 기업화되어 가고 있는 것입니다.

그러므로 스님들은 서로 자기 절만이 진실하다고 말하며 목사들은 자기 교회만이 올바른 교회라고 주장을 하고 있는 것입니다. 이렇게 자기 종교가 옳다고 주장하는 스님들이나 목사님들도 많은데 세상은 점점 더 악해져 가고 더욱 부패해 가고 있습니다. 이것은 오늘날의 종교, 즉 스님들이나 목회자들이 모두 부처님이나 하나님의 뜻을 망각하고 욕심에 치우쳐 있기 때문입니다. 그러므로 오늘날 종교인들은 모두 참회(懺悔)하고 진리에 따라 본연(本然)의 자세로 돌아가야 합니다. 특히 수행하는 불자들은 더욱 언행(言行)을 올바로 가져야 합니다. 부처님은 이 때문에 정견(正見), 정사유(正思惟), 정어(正語)에 이어 정업(正業)을 가르쳐 주신 것입니다.

그러므로 수행 불자들은 부처님의 가르침에 따라 모든 수행을 올바르게 해야 하는 것입니다.

7 **정명(正命)**

정명(正命)이란 뜻을 불교사전에서 찾아보면 팔정도(八正道)의 하나로 올바른 생활, 그리고 올바른 생활 방법이라고 기록되어 있습니다. 그러나 부처님께서 말씀하시는 정명은 올바른 명령, 즉 수행자(修行者)들이 반드시 지켜야 할 부처님의 말씀을 말합니다. 왜냐하면 부처님의 말씀을 명령으로 알고 올바로 지키지 않으면 올바른 생활을 할 수 없기 때문입니다. 그러므로 수행자들은 부처님의 말씀을 법과 같이 엄히 지키고 부처님의 말씀을 조금이라도 가감(加減)해서는 안됩니다.

오늘날 불교가 부패해 가는 것은 부처님의 말씀을 가감하여 교리(教理)와 제도(制度)의 틀을 만들어 부처님의 뜻을 왜곡(歪曲)하고 있기 때문입니다. 불자들이 이렇게 오염(汚染)된 말씀이나 가감(加減)된 말씀을 듣거나 받아먹으면 그것이 독(毒)이 되어 그 영혼은 죽게 되는 것이며 결국 지옥으로 가게 됩니다. 그러므로 수행 불자들은 오늘날 살아 계신 부처님을 찾아 올바른 가르침을 받아야 하는 것입니다. 부처님께서 말씀하시는 정명(正命)은 부처님께서 가르쳐 주신 모든 말씀을 말하는데, 특히 삼학(三學)인 계(戒), 정(定), 혜(慧)를 말합니다.

삼학(三學) : 불도를 수행하는 자들이 반드시 알고 지켜야 하는 부처님의 가르침.

(가) 계학(戒學) : 지옥계에서 아귀계로 나와 천상계에 들어가기 위해 지켜야 하는 부처님의

계율. (오계와 십계)

(나) 정학(定學) : 아귀계와 축생계를 거처 수라계
로 나온 자들이 심신을 정결케 하기 위해서 받
아야 하는 부처님의 가르침.

(다) 혜학(慧學) : 계학과 정학을 통해서 심신이 정
결하게 된 자가 견성에 이르기 위하여 받아야
하는 부처님의 가르침.

상기의 삼학(三學)은 수행 불자들이 천상에 올라
부처가 되려면 누구나 지켜야 할 부처님의 가르침
입니다. 수행자들이 삼학에 따라 정진 수행(精進 修
行)을 계속한다면 견성성불(見性成佛)하여 관자재
보살(觀自在菩薩)이 되는 것입니다. 그런데 오늘날
수행 불자들이 깨달은 산부처님들을 만나지 못해
올바른 가르침을 받지 못하고 있습니다. 그러므로

수행 불자들은 스님들을 통해서 가르침을 받고 있는 실정입니다.

　이렇게 수행 불자들이 오늘날 살아 계신 부처님을 만나지 못해서 아직 성불(成佛)하지 못한 스님들의 가르침을 받고 있기 때문에 해탈의 길은 오히려 멀어져 가고 있는 실정입니다. 그러므로 오늘날 수행자들은 이제부터라도 불교 의식과 제도의 틀에서 벗어나 오늘날 살아 계신 부처님을 찾아서 올바른 가르침을 받아야 합니다. 이렇게 수행 불자들이 부처님과 삼학(三學)을 통해서 가르침을 열심히 받는다면 삼악도(三惡道)인 지옥(地獄)과 아귀(餓鬼)와 축생(畜生)의 탈을 벗어나 수라(修羅)와 인간계로 들어가서 해탈(解脫)이 될 것입니다. 그러므로 부처님은 수행 불자들에게 반드시 필요한 정명(正命)을 가르쳐 주신 것입니다. 그런데 아무리 부처님의 말씀을 지상 명령으로 지킨다 해도 인내(忍耐)와 지구력(持久力)을 가지고 열심히 정진(精進)을 하지 않는다면 아무런 소용이 없습니다. 이 때문에 부처님은 정명(正命)에 이어 정정진(正精進)을 가르쳐 주신 것입니다.

정정진(正精進)은 올바르게 정성을 다해 나가라는 뜻입니다. 정진(精進)의 뜻을 불교사전에서 찾아보면 사물에 정성을 들여 오로지 나아가는 것, 힘써 노력하는 것, 용감하게 깨달음의 길을 걷는 것 등으로 나타나 있습니다. 그런데 부처님께서 말씀하시는 정정진(正精進)의 진정한 뜻은 진리의 길, 즉 해탈의 길을 마음과 정성을 다해 열심히 나아가라는 말씀입니다. 이와 같이 올바른 정정진은 부처님의 가르침에 따라 일순간의 머무름도 없이 인내와 지구력(持久力)을 가지고 끊임없이 정진(精進)하는 것입니다. 그런데 수행 불자들이 해탈을 위해 정진 수행(精進 修行)을 할 때에 부처님의 가르침에 근거하지 않고 불교의 교리나 자신의 노력으로 해탈을 하려고 하면 절대로 안 됩니다.

왜냐하면 부처님만이 능제일체고(能除一切苦)로서 무지한 중생들의 고통을 제거해 주시고, 깨닫게 하시고, 해탈에 이를 수 있도록 도와 주시기 때문입니다. 그러므로 해탈은 부처님의 말씀을 벗어나서는 절대로 다른 길이나 다른 방법이 없다는 것을 명심해야 합니다. 이것은 예수님께서 '내가 길이요 진리요 생명이니 나로 말미암지 않고는 아버지(천국)께 갈 자가 없다'고 하신 말씀과 같은 뜻입니다. 사람들이 하는 말 중에 "길이 아니면 가지 말라"는 말이 있는데 이 말은 길이 다르거나 길을 모르면 출발도 하지 말라는 뜻입니다. 이렇게 해탈을 하기 위해 정진

수행(精進 修行)을 하는 자들이 성불(成佛)의 길을
모르면 떠나지 말아야 하고 만일 지금 잘못 가고 있
다면 가는 길을 중단해야 합니다. 그런데 불행하게
도 오늘날의 수행자들이 부처님의 참 뜻과 부처님
께서 가르쳐 주신 해탈의 길에 대한 수행 방법을 확
실히 모르는 상태에서 수행을 하고 있는 것입니다.

올바른 해탈의 길이나 올바른 수행 방법은 부처
님께서 말씀하시듯 행심반야바라밀다(行深般若波
羅蜜多), 즉 반야(般若)를 믿고 의지하면서 육바라
밀(六波羅蜜)을 열심히 행하는 것입니다. 그러므로
오늘날 수행 불자들이 해탈을 하려면 오직 반야를
믿고 의지하면서 반야의 뜻에 따라 육바라밀을 향
해 혼신(渾身)을 다해 정진 수행을 해야 합니다. 이
것이 바로 부처님께서 오늘날 수행 불자들에게 가
르쳐 주신 정정진의 뜻입니다. 정정진(正精進)에 이
어지는 말씀은 정념(正念)입니다. 왜냐하면 정진(精

進)을 하는 수행자들이 올바른 생각과 마음을 가지고 하지 않으면 아무 소용이 없기 때문입니다.

9 ▶ 정념(正念)

부처님께서 팔정도(八正道)를 통해서 말씀하시는 정념(正念)의 뜻은 정사유(正思惟)와 유사하여 혼동할 수 있습니다. 정사유(正思惟)는 올바른 사고(思考)나 바른 견해(見解)로 올바로 생각하라는 뜻이며 정념(正念)은 세상의 번뇌망상(煩惱妄想)을 버리고 오직 부처님의 말씀에 착념(着念)하라는 뜻입니다. 그런데 세상의 생각을 버리고 부처님의 말씀만을 생각하면서 산다는 것은 결코 쉬운 일이 아닙니다. 그보다 부처님의 말씀대로 수행을 한다는 것은 더더욱 힘든 일입니다.

지금까지 출가 수행자들이 수십 년 혹은 수백 년 동안 도(道)를 닦아도 번뇌망상(煩惱妄想)에서 벗어나 해탈된 산부처가 없었다는 것은 정념(正念)이 그만큼 어렵다는 것을 말해 주는 것입니다. 이 때문에 부처님은 불자들에게 반야(般若)를 신(神)으로 믿고 의지하라고 말씀하시는 것입니다. 왜냐하면 부처님도 반야(般若)를 신(神)으로 믿고 의지할 때 반야의 도움에 의해서 해탈이 되셨기 때문입니다. 그런데도 불구하고 오늘날 불교는 신(神)은 존재하지 않는다고 가르치며 부처님의 해탈도 자각(自覺)에 의한 것이라고 가르치고 있습니다.

그러나 신(神)이 존재하지 않는다면 해탈이나 성불은 물론 이 세상에 존재하는 인간이나 생물들이 하나도 존재할 수 없다는 것을 알아야 합니다. 타종교에서 불교를 일종의 철학이며 종교로 인정하지 않는 것은 불교가 신(神)을 부정하고 있기 때문입니다. 이렇게 불교는 신(神)을 인정하지 않기 때문에 수행자들이 신을 의지하지 않고 자각(自覺)에 의해서 해탈을 하려고 온갖 노력을 해 보지만 해탈은 되지 않는 것입니다.

그러므로 오늘날 불자들은 무엇보다 먼저 반야(般若)를 신(神)으로 인정하고 반야를 믿고 의지하는 것이 시급한 일입니다. 만일 불교나 수행자들이 지금부터라도 반야를 신으로 믿고 의지한다면 반야의 도우심으로 반드시 해탈될 것입니다. 이와 같이 부처님께서 말씀하시는 정념(正念)은 신을 올바로 알고 신만을 주야로 묵상하라는 말씀입니다. 왜냐하면 부처님도 행심반야바라밀다시(行深般若波羅蜜多時) 조견오온개공(照見五蘊皆空) 도일체고액(度一切苦厄)을 하여 관자재보살(觀自在菩薩)이 되셨기 때문입니다.

오늘날 불자들이 부처님을 믿는다는 것은 부처님이 하신 말씀을 믿는 것입니다. 그런데 불자들이 이러한 부처님의 말씀을 믿지 않고 부처님만 믿는다면 그것이 바로 우상을 섬기는 것이며 무속 신앙(巫俗 信仰)인 것입니다. 그러므로 부처님께서 말씀하시는 정념(正念)은 전도(顚倒)된 몽상(夢想)을 버리고 오직 부처님의 말씀만을 생각하여 해탈에 이르라는 뜻입니다. 이렇게 부처님은 해탈의 길을 가는 수행자들에게 올바른 생각을 가지고 반야를 주야(晝夜)로 묵상(默想)하며 수행하라는 뜻에서 정념(正念)을 가르쳐 주신 것입니다.

그런데 올바른 정념을 하려면 청정(淸淨)하고 평안한 마음이 있어야 합니다. 왜냐하면 수행자의 마음이 더럽거나 혼탁하면 올바른 정념(正念)을 할 수가 없기 때문입니다. 그러므로 부처님께서 수행자들의 마음을 깨끗하고 평온케 하는 정정(正定)을 말씀하신 것입니다.

 ## 정정(正定)

　십정도(十正道)의 마지막 가르침인 정정(正定)은 마음에 대하여 말씀하신 것입니다. 정정이라는 뜻은 편안한 마음, 안정된 마음, 깨끗한 마음 등의 의미를 가지고 있습니다. 이렇게 정정(正定)은 정결하고 진실한 마음을 말하는데 부처님께서 말씀하시는 정정(正定)의 뜻은 수행자들의 마음속에 자리잡고 있는 탐, 진, 치(貪, 瞋, 癡)를 모두 버리고 청정심(淸淨心)이 되라는 뜻으로 말씀하신 것입니다. 왜냐하면 불자들의 번뇌망상(煩惱妄想)은 마음속에 들어 있는 탐, 진, 치(貪, 瞋, 癡)로 인해서 일어나기 때문입니다.

그러므로 부처님이 말씀하시는 정정(正定)의 뜻은 마음의 수행을 통해서 욕심을 버리고 청정(淸靜)한 마음이 되라는 것입니다. 절에서 스님들이 법문(法問)을 할 때 욕심을 버리라고 하며 어떤 스님은 무소유(無所有)를 강조하는 것은 바로 이 때문입니다. 이렇게 욕심을 버리라고 가르치는 스님도 많고 무소유를 주장하는 스님도 있지만 아직까지 욕심을 버리거나 무소유(無所有)가 된 스님은 한 분도 없습니다. 왜냐하면 욕심을 버리고 무소유가 된 스님은 이미 스님이 아니라 부처님이기 때문입니다. 오늘날 절마다 금부처나 돌부처를 모시고 있는 것은 아직 불교 안에는 산부처가 없다는 것을 말해 주는 것이며 이것은 지금까지 불교 안에 욕심을 버린 스님이 없다는 것을 증명하는 것입니다.

이렇게 욕심을 버린다는 것은 어렵고 힘든 것입니다. 이 말은 부처가 되는 것이 힘든 것이 아니라 욕심을 버리고 무소유(無所有)가 되는 것이 어렵다는 것입니다. 오늘날 큰 스님이라는 분이 무소유(無所有)를 주장하며 모든 재산과 직분을 버리고 산속의 암자로 들어가신 분이 있었습니다. 그러나 큰스님의 무소유(無所有)는 얼마 안 되어 모두 거짓이라는 것이 드러난 것을 볼 수 있습니다. 왜냐하면 큰 스님은 더 큰 욕심을 채우기 위해서 잠시 무소유(無所有)라는 원맨쇼를 한 것에 불과하기 때문입니다. 부처님께서 말씀하시는 무소유(無所有)는 재물을 버리는 것이 아니라 자신 안에 들어 있는 욕심과 탐심(貪心)을 모두 버리는 것입니다.

즉 진정한 무소유는 자아(自我)를 버리고 무아(無我)가 되는 것을 말합니다. 이렇게 부처님이 말씀하시는 정정(正定)은 자신 안에 있는 더러운 욕심과 탐심을 버리고 청정(淸淨)한 마음이 되는 것입니다. 그런데 문제는 전생에서부터 쌓이고 쌓여 굳어진 욕심을 어떻게 버리느냐 하는 것입니다. 부처님은 불자들에게 욕심을 버리는 것은 자기의 의지나 노력으로 되는 것이 아니라 시대신(是大神)이시며 능제일체고(能除一切苦)이신 반야(般若)를 믿고 의지할 때 반야에 의해서 없어진다고 말씀하고 있습니다. 이렇게 불자들이 반야를 신으로 믿고 의지하면서 부처님의 가르침을 받을 때 욕심과 탐심(貪心)은 점진적(漸進的)으로 조금씩 없어지게 됩니다.

그러므로 수행자들은 반드시 반야(般若)를 신(神)으로 믿고 오늘날 살아 계신 부처님을 찾아서 그 가르침에 따라 정진 수행(精進 修行)을 해야 합니다. 이렇게 부처님의 말씀에 따라서 마음의 수행을 계속한다면 혼탁한 마음과 번뇌망상(煩惱妄想)이 사라질 것이며 언제나 고요하고 평안한 부처님의 마음으로 변화가 될 것입니다. 이와 같이 부처님께서 불자들에게 사성제(四聖諦)와 팔정도(八正道)를 가르쳐 주신 것은 불자들 안에 자리 잡고 있는 삼독(三毒), 즉 탐, 진, 치(貪, 瞋, 癡)를 모두 버리고 해탈하여 부처가 되기를 바라는 마음에서입니다.

그러므로 불자들이 부처님이 가르쳐 주신 사성제(四聖諦)와 팔정도(八正道)를 신앙의 지침서(指針書)로 삼고 머무름 없이 꾸준히 정진 수행(精進 修行)을 한다면 모두가 해탈하여 부처가 될 것입니다. 이상과 같이 진리를 깨달아 성불하여 부처가 되려면 부처님의 뜻과 가르침에 따라서 올바로 수행을 해야 하는 것입니다. 이렇게 부처님이 말씀하시는 진정한 수행은 부처님의 말씀을 화두(話頭)로 잡고 의식화(意識化)된 고정관념(固定觀念)과 더러워진 마음을 날마다 깨끗이 씻어 정결하게 만드는 것입니다.

그리고 부처님이 걸어가신 육바라밀의 과정을 힘들고 어려워도 가야 합니다. 그러면 오늘날 불자들

도 언젠가는 진리를 깨달아 성불(成佛)하여 부처가
될 것입니다.

(육바라밀(六波羅蜜)은 도암 선사가 기록한 반야
심경(般若心經)과 금강경(金剛經) 해설(解說)서에
자세히 기록되어 있습니다.)

불정존승(佛頂尊勝)다라니의 허구(虛構)와 진실

　오늘날 스님들이나 불자들이 주문(呪文)처럼 독경(讀經)하고 있는 불정존승(佛頂尊勝)다라니라는 경(經)이 있습니다. 그런데 불정존승다라니는 어떤 경이며 그 안에는 무슨 뜻이 담겨 있을까요? 스님들이나 불자들은 불정존승(佛頂尊勝)다라니에 기록된 말씀이 너무나 경이(驚異)롭고 신비스러워 사찰(寺刹)에서 예불(禮佛)을 드릴 때 종종 사용을 하는 경입니다. 때문에 어느 사찰에서는 스님들이 불정존승

(佛頂尊勝)다라니를 소책자로 만들어서 불자들에게 나누어 주며 수시로 봉독하라고 권하고 있습니다.

왜냐하면 스님들이 불정존승(佛頂尊勝)다라니를 독경(讀經)을 하거나 불자들이 보기만 해도 그 신통력(神通力)으로 모든 악도(惡道)가 깨끗해지고, 생사(生死)의 고뇌(苦惱)를 제거해 줄 뿐만 아니라 지옥계(地獄界), 염마왕계(琰魔王界), 축생계(畜生界)의 고통을 면하게 해 주며, 모든 지옥의 업장(業障)을 부수고, 선도(善道)로 돌아가게 해 준다고 믿고 있기 때문입니다.

그 뿐만 아니라 '불정존승(佛頂尊勝)다라니'는 불가사의(不可思議)한 위신력(威神力)이 있어서 어떤 사람의 귓가에 스치기만 해도 전생(前生)에 지은 모든 악업(惡業)이 모두 소멸되고, 청정(淸淨)하고 뛰어난 몸을 얻게 되며 또한 어떤 사람이 운명하려 할 때, 잠시라도 이 다라니를 생각하면 수명이 늘어나고, 몸과 말과 뜻이 청정(淸淨)해 지고, 몸의 고통이 없어지고, 그 축복과 이익(利益)으로 어디에서나 평안하게 된다는 것입니다. 그리고 불정존승(佛頂尊勝)다라니를 독경(讀經)을 하거나 보기만 해도 모든 부처님이 보살펴 주시고, 천신(天神)들이 항상 지켜 주시며 사람들에게 공경을 받게 되며, 또한 나쁜 업장(業障)이 모두 소멸되며, 모든 보살들이 한마음으로 도와줄 것이라 말합니다.

또한 어떤 사람이 잠시라도 이 다라니를 독송(讀誦)하면 그에게 있는 삼악도(三惡道)의 고통은 남김없이 파괴되고, 모두 소멸되어 모든 부처님 정토(淨土)의 세계와 여러 하늘의 궁전(宮殿)에 모든 보살의 매우 깊은 행원(行願)에 걸림 없이 마음대로 들어간다는 것입니다. 때문에 스님들이나 불자들은 불정존승다라니를 신주(神呪)단지처럼 모시고 다니면서 수시로 봉독하는 것입니다.

그런데 불정존승(佛頂尊勝)다라니가 이렇게 큰 위신력(威神力) 있으며 이 다라니에 기록된 말씀들이 진정 부처님께서 하신 말씀일까요? 아니면 오늘날 스님들이 부처님의 말씀을 가감(加減)하고 왜곡(歪曲)하여 불자들을 미혹하기 위해서 신비스럽게 만들어낸 거짓 경(經)일까요? 왜냐하면 만일 불정존승(佛頂尊勝)다라니를 보거나 듣기만 해도 모든 고통이 사라지고 복을 받게 되고 하늘의 궁전(극락)에도 마음대로 들어간다면 불자들은 어느 누구나 이 세상에서 고통이 없이 행복하게 살다가 모두 하늘의 극락(極樂)세계로 들어가기 때문입니다.

그러나 스님들이 말씀하고 있는 불정존승(佛頂尊勝)다라니는 부처님의 말씀이 기록된 경들의 내용과 너무나 다르고 부처님의 뜻에도 많이 벗어나 있습니다. 왜냐하면 부처님께서 하신 말씀은 기복(祈福)이나 신비(神祕)스러운 기적(奇蹟)의 말씀이 아니라 모두 성불(成佛)하여 부처가 되라는 말씀이기 때문입니다. 그리고 부처님은 무명의 중생들이 지옥계(地獄界)의 고통에서 벗어나 성불하여 천상(天上)의 극락(極樂)세계로 들어가려면 육바라밀(六波羅蜜)을 통해 수많은 인욕정진(忍辱精進)의 수행을 행해야 하며 또한 불자들이 받는 복(福)과 화(禍)도 부처님의 말씀을 보거나 안 본다 해서 받는 것이 아니라 불자들의 행업(行業)에 의한 인과응보(因果應報)로 받게 되는 것이라 말씀하고 있습니다.

그러므로 오늘날 스님들이나 불자들은 부처님이 말씀하셨다는 불정존승(佛頂尊勝)다라니의 진부(眞否)를 올바로 알아야 합니다. 이제 불정존승(佛頂尊勝)다라니에 기록된 말씀의 진실과 거짓을 살펴보기로 하겠습니다.

이와 같이 나는 들었다. 한때 부처님은 사위성(舍衛城) 서다림 급고독원(給孤獨園)에서 대비구 천이백오십 인과 대보살(大菩薩) 만 이천 인과 함께 계시었다. 그때 도리천(忉利天)의 선법당회(善法堂會)에 천신들이 모여 있었는데 그 가운데 선주천자(善住天子)가 있었다. 그는 앞마당과 뒤뜰에서 유쾌한 모임을 갖고 아주 훌륭한 천상(天上)의 기쁨을 누리고 있었다. 천녀(天女)들에 둘러 쌓여 그들은 몹시 행복하여, 노래를 부르고, 춤을 추고, 스스로 온갖 즐거움을 누렸다.

해질 무렵 선주천자는 문득 이런 소리를 들었다. 선주천자야, 너는 이레 후면 목숨이 다할 것이며 명을 마치면 남섬부주에 나서 일곱 번 축생의 몸을 받은 뒤, 지옥의 고통을 받으며 지옥(地獄)에서 나온 뒤 사람의 몸을 받으나 빈천(貧賤)한 집에 태어날 것이며, 태어나면서부터 두 눈이 없으리라. 이 소리를 들은 선주천자(善住天子)는 무서워 머리털이 쭈뼛 서며 두려움이 일어났다. 근심으로 가득차서 더 이상은 즐겁지 아니하였고, 두려움이 셀 수 없었다. 그는 곧 천제석(天帝釋)에게 달려가 슬피 울며 예배 드린 후 이렇게 아뢰었다.

"제 말씀을 들으소서. 저는 천녀(天女)들과 어울려 모든 즐거움을 누리다가 문득 이런 소리를 들었나이다. 선주천자(善住天子)야, 이레 후면 목숨이 다할 것이며, 명을 마치면 남섬부주(南瞻部洲)에 태어나 일곱 번 축생의 몸을 받다가 지옥에 떨어지리라. 지옥에서 나온 뒤에는 사람의 몸을 받지만 빈천(貧賤)한 집에 태어날 것이며, 어머니의 태 안에서부터 두 눈이 없으리라고 하였나이다.

저는 이 말을 듣고 두려워 어찌할 바를 모르겠나이다. 천제(天帝)시여, 어떻게 하여야 저의 이런 고통을 면할 수 있겠나이까?" 천제석은 선주천자의 말을 듣고 심히 놀라며 '이 선주천자는 어째서 일곱 번이나 악도(惡道)의 몸을 받을까?'하고 깊이 생각하였다. 잠시 선정(禪定)에 들어 관(觀)하자, 곧 선주가 받게 될 일곱 악도(惡道)의 몸을 보았다. 그는 돼지, 개, 여우, 원숭이, 뱀, 까마귀, 솔개 등의 몸으로 더러운 것을 먹고 있었다. 이때 천제석(天帝釋)은 선주천자가 일곱 번 악도에 떨어져 말할 수 없는 고통을 받게 될 것을 살펴보고 마음이 괴로웠다. 곰곰 생각해 보니 선주천자가 그와 같은 고통을 면하려면 오직 여래(如來)의 응공(應供) 정등각자(正等覺者)이며 대자대비(大慈大悲)하신 부처님께 귀의(歸依)하는 수밖에 다른 도리가 없었다. 이같이 생각한 천제석은 그날 밤 초저녁에 갖가지 꽃과 미묘한 하늘 옷으로 갖추고, 여러 가지 꽃다발과 향을 가지고 기원정사(祇園精舍)로 갔다. 부처님 계신 곳에 이르러 공경(恭敬), 공양(供養)하고, 부처님 발에 절하고 일곱 번 돌고 널리 공양을 베푼 뒤, 부처님 앞에 꿇어앉아 사뢰었다.

"세존이시여, 선주천자는 어떻게 하면 일곱 번 받을 축생의 몸을 면할 수 있겠나이까?" 하고, 앞서 있었던 일을 말씀드렸다. 그때 부처님은 이 말씀을 들으시고, 미소를 띠셨다. 그리고 부처님의 정수리에서 갖가지 빛이 나와 삼천대천(三千大千) 세계를 두루 비추고, 그 빛이 다시 부처님 계신 곳으로 돌아서 부처님의 온 몸으로 들어간 후 부처님은 천제석에게 이렇게 말씀하셨다. 천제(天帝)여, 다라니가 있으니 여래불정존승(如來佛頂尊勝)이니라.

불정존승(佛頂尊勝)다라니는 능히 모든 악도(惡道)를 깨끗이 하고, 생사(生死) 고뇌(苦惱)를 제거하며, 모든 지옥, 염마왕계와 축생의 고통을 면하게 하며, 모든 지옥의 업(業)을 부수고, 선도(善道)로 돌아가게 하느니라. 부처님은 이어서 '불정존승(佛頂尊勝)다라니'는 불가사의(不可思議)한 큰 위신력(威神力)이 있어서 어떤 사람의 귓가에 스치기만 해도 전생에 지은 일체 악업이 모두 소멸되고, 청정(淸淨)하고 뛰어난 몸을 얻게 되며 또한 어떤 사람이 운명하려 할 때, 잠시라도 이 다라니를 생각하면 수명이 늘어나고, 몸과 말과 뜻이 청정(淸淨)해지고, 몸에 고통이 없어지고, 그 축복과 이익(利益)으로 어디에서나 평안할 것이며 그리고 모든 부처님이 보살펴 주시고, 천신(天神)들이 항상 지켜 줄 것이며 사람들에게 공경을 받으며, 나쁜 업장(業障)이 소멸되며, 모든 보살들이 한마음으로 도와줄 것이다.

그리고 어떤 사람이 잠시라도 이 다라니를 독송(讀誦)하면 그에게 있는 삼악도(三惡道)의 고통은 남김없이 파괴되고, 소멸되리라. 그리하여 모든 부처님 정토(淨土) 세계와 여러 하늘의 궁전에, '모든 보살의 매우 깊은 행원(行願)'에 걸림이 없이 마음대로 들어간다고 말씀하고 있다. 또한 이 다라니가 있는 곳에서 다라니(경)를 쓰고 베껴서 유통(流通)하거나 받아 지녀 독송하거나, 혹은 다라니를 듣고 공양하는 사람은 모든 악도가 다 청정해지며, 지옥(地獄)의 고통이 다 소멸되느니라.

그리고 만약 어떤 사람이 이 다라니를 써서 높은 당기 위에 두거나 높은 산에 두거나, 혹은 다락 위에 두거나, 내지 탑 속에 안치하여, 비구(比丘), 비구니(比丘尼), 우바이(優婆夷)와 일반 남녀들이 당기를 눈앞에서 보거나 멀리서 바라보거나 서로 가까워 그 그림자가 몸에 비추거니, 혹은 다라니를 안치해 둔 곳에 바람이 불어 그 먼지가 날아와 몸에 붙기만 하여도, 저 중생들은 지은 죄업으로 악도(惡道)에 떨어져 지옥, 축생, 염마왕(琰魔王)의 세계, 아귀(餓鬼), 아수라(阿修羅)의 몸 등 받아야 할 악도(惡道)의 고통을 전혀 받지 않고, 또한 죄의 때에 물들거나 더러워지지 않는다고 말씀하셨다.

이상의 말씀은 이레 후에 죽어서 삼악도(三惡道)에 떨어져 고통을 받게 될 선주천자(善住天子)를 위해 천제석(天帝釋)이 부처님을 찾아갔을 때 부처님께서 불정존승(佛頂尊勝)다라니의 위신력(威神力)에 대해서 하신 말씀입니다. 그런데 문제는 불정존승(佛頂尊勝)다라니가 어떤 말씀이며 무슨 내용이 기록되어 있기에 사람의 귓가에 스치기만 해도 전생에 지은 악업(惡業)이 모두 소멸되고 건강한 몸을 얻게 되고 또한 다라니를 생각만 해도 수명이 늘어나며 몸과 말과 뜻이 맑고 깨끗해져서 몸의 고통이 없어지고 복을 받아 어느 곳에서나 평안해진다는 것일까요?

또한 어떤 사람이 잠시라도 이 다라니를 독송하면 삼악도(三惡道)의 고통이 모두 없어지고 부처님의 정토(淨土) 세계와 천상(天上)의 극락(極樂) 세계를 장애(障礙) 없이 마음대로 들어간다고 말씀하실까요? 만일 사실이 그렇다면 오늘날 불자들도 불정존승다라니를 보고 듣기만 해도 모든 업장(業障)이 없어지고 괴로움과 고통이 없어져서 늘 평안하고 행복하게 살다가 죽어서도 극락에 들어갈 수 있다는 것입니다.

그리고 이 다라니가 있는 곳에서 다라니를 쓰고 베껴서 유통(流通)하거나 받아 지녀 독송(讀誦)하거나, 혹은 듣고 공양(供養)하는 사람은 모든 악도(惡道)가 다 청정(淸淨)해지며 지옥고(地獄苦)가 다 소멸(消滅)된다는 것입니다. 더욱 놀라운 말씀은 만약 어떤 사람이 이 다라니를 써서 높은 당기 위에 두거나 높은 산에 두거나, 혹은 다락 위에 두거나, 내지 탑 속에 안치하여, 비구(比丘), 비구니(比丘尼), 우바이와 일반 남녀들이 당기를 눈앞에서 보거나 멀리서 바라보거나 당기가 가까워 그 그림자가 몸에 비추거나, 혹은 다라니를 안치(安置)해 둔 곳에 바람이 불어 그 먼지가 날아와 몸에 붙기만 하여도, 그 중생은 지은 죄업으로 악도(惡道)에 떨어져 지옥(地獄), 축생(畜生), 염마왕(琰魔王)의 세계에서, 아귀(餓鬼), 아수라(阿修羅)의 몸으로 태어나 받을 고통을 전혀 받지 않고, 또한 죄의 때에 물들거나 더러워지지 않는다고 부처님이 말씀하셨다는 것입니다.

이상과 같이 부처님께서 천제석에게 불정존승다라니에 대해서 말씀하셨다는 것입니다. 그러면 부처님이 천제석에게 불정존승다라니에 대해 하신 말씀이 진실일까요? 아니면 어떤 몰지각(沒知覺)한 스님들이 부처님을 신격화(神格化)하고 부처님의 말씀을 신비(神祕)스럽고 신통력(神通力) 있게 만들어 불자들을 미혹하기 위해서 만들어낸 왜곡(歪曲)된 거짓일까요? 왜냐하면 부처님의 말씀이 기록된 모든 경에는 부처님께서 이렇게 말씀을 하신 적이 없기 때문입니다.

즉 부처님은 무명(無明)의 중생이 지옥계(地獄界)에서 벗어나 천상계(天上界)로 올라가 부처가 되려면 육바라밀(六波羅蜜) 곧 지옥계(地獄界), 아귀계(餓鬼界), 축생계(畜生界), 수라계(修羅界), 인간계(人間界) 천상계(天上界)의 과정들을 수백, 수천, 수만 년 혹은 몇 억겁(億劫) 동안 온갖 수행과 인욕정진(忍辱精進)을 행해야 한다고 말씀하고 있기 때문입니다. 그리고 부처님은 무명(無明)의 중생이 지옥계(地獄界)에서 아귀계(餓鬼界)로 나오는데도 몇십 년 혹은 몇백 년이 걸린다고 말씀하고 있기 때문입니다.

그러므로 불경을 통해서 부처님의 뜻과 성불의 길을 올바로 알고 있는 스님이나 불자들은 지금도 무상심심(無上甚深) 미묘법(微妙法) 백천만겁(百千萬劫) 난조우(難遭遇) 아금문견(我今聞見) 득수지(得受持) 원해여래(願解如來) 진실의(眞實意)를 되새기며 날마다 기도하며 수행(修行)을 하고 있는 것입니다. 이 말씀의 뜻은 부처님의 말씀은 위가 없이 높고 한없이 깊고 깊은 기기묘묘(奇奇妙妙)한 말씀이기 때문에 백천만겁(百千萬劫)이 지나도 만나기조차 어려운데 제가 지금 듣고 보고 마음에 지니오니 부처님의 진실한 뜻을 깨닫기를 원한다는 뜻입니다.

이렇게 스님들이 해탈(解脫)하여 부처가 되기가 힘든 것이 아니라, 온전한 부처님의 말씀은 백천만겁이 지나도록 말씀을 한번 듣기조차 어렵고 힘들다는 뜻입니다. 그런데 이렇게 소중하고 위대한 부처님의 말씀을 일부 몰지각(沒知覺)한 스님들이 정확무오(正確無誤)한 부처님의 말씀을 자기 마음대로 가감(加減)하여 신화(神話)로 만들고 불교의 교리(教理)를 만들고, 불교 각종(各種) 의식(儀式)을 만들어 불자들을 미혹하고 있는 것입니다. 때문에 진실은 진실로 드러나야 하고 거짓은 반드시 거짓으로 드러나야 합니다.

왜냐하면 부처님의 오류(誤謬) 없는 말씀은 무명(無明)으로 병들어 죽어 가는 영혼들을 구원하여 살리지만, 왜곡(歪曲)하여 전하는 거짓된 말씀은 영혼을 죽여서 지옥으로 보내기 때문입니다. 그러면 부처님이 말씀하신 불정존승(佛頂尊勝)다라니에 과연 어떤 내용이 기록되어 있는지 본문(本文)을 통하여 그 진실을 살펴보기로 하겠습니다.

귀의불(歸依佛)하오니 삼계(三界)에 계신 세존(世尊)이시여 최상(最上)의 불세존(佛世尊)은 여여(如如)하고 옴 청정(淸淨)청정(淸靜)하며 평등(平等)평등(平等)하시니 일체(一切) 유정(唯淨)의 길을 가는 자, 태어나려는 모든 자의 자성(自性)이 청정(淸靜)하게 해 주시고 부처님의 놀라운 위신력(威神力)으로 감로(甘露)의 관정(寬政)을 베풀어 불사(佛寺)를 이루게 하시고 맑은 삶을 살 수 있도록 도우소서

세존이 청정(淸靜)하고 허공(虛空)이 청정(淸靜)하고 불정존승(佛頂尊勝)이 청정(淸靜)하여 천만(千萬)광명(光明)이 찬란히 비추어 일체(一切) 여래(如來)의 초월(超越)적 지혜가 원만(圓滿)하여 일체(一切) 여래의 심장(心臟)과 하나되어 마하무드라를 이루게 하소서.

금강신(金剛神)을 완성하여 청정(淸靜) 일체(一切)의 두려움과 악취가 완전 청정(淸靜)하고 모든 장애(障礙)가 삶에서 청정(淸靜)하여 삼밀(三密)의 보주(寶珠)가 되어 여의보주(如意寶珠)로 무량(無量)중생(衆生)을 요익(饒益)하고 청정(淸靜)하여 굳건히 지키게 하소서. 청정(淸靜) 보리심(菩提心)으로 승리(勝利) 승리(勝利) 완전한 승리(勝利)를 이루니 일체불(一切佛)과 하나 되어 청정(淸靜) 금강(金剛) 금강(金剛) 금강장(金剛墻)인 내 몸은 사리(舍利)를 이루고 일체(一切) 존재가 부처님의 몸과 같이 청정(淸靜)해 지게 하소서.

모든 길이 청정(淸靜)하여 일체(一切) 여래(如來)의 평등(平等)한 자성(自性)으로 일체(一切) 여래(如來)의 평등(平等)한 자성(自性)을 가지게 되어 깨달음, 깨달음 완전한 깨달음을 이루고 지혜(智慧) 지혜(智慧) 완전한 지혜(智慧)를 이루어 일체(一切)

가 청정(淸靜)한 일체(一切)로 여래(如來)의 심장
(心臟)과 하나 되어 마하무드라를 이루네.

불정존승(佛頂尊勝) 다라니 해설문(解說文)

무명(無明)의 중생이 부처님께 귀의(歸依)하오니
위가 더없이 높고 높은 위대하신 세존(世尊)이시며,
삼세(三世), 즉 전세(前世)나 현세(現世)나 내세(來
世)에 항상 변함없이 살아 계신 부처님! 그리고 언
제나 맑고 깨끗하시며 모든 중생들에게 공평(公平)
하신 부처님이시여! 지금 해탈(解脫)의 길을 걸어
가는 자와 성불(成佛)하여 부처가 되려는 자, 그리
고 성품(性品)이 맑고 깨끗한 중생들에게 부처님의
불가사의(不可思議)한 능력과 감로수(甘露水)와 같
은 부처님의 말씀으로 자비(慈悲)를 베푸시어 모두
성불(成佛)하여 부처님과 같이 맑고 밝은 진실한 삶

을 살 수 있도록 도와주소서. 또한 맑고 정결(淨潔)한 불정존승(佛頂尊勝)의 경(經)으로부터 나오는 천만(千萬)의 광명(光明)이 무명(無明)의 중생들에게 찬란하게 비쳐서 여래의 초월적(超越的)인 지혜가 충만해지고 또한 여래의 마음과 하나가 되어 성불(成佛)하여 부처가 될 수 있게 도우소서. 그리고 부처님의 말씀으로 성불(成佛)하여 금강신(金剛神)을 이루어 마음이 부처님과 같이 맑고 깨끗해지면 모든 두려움과 악한 생각이 떠나고 마음이 청정(淸靜)해져서 모든 장애(障礙)가 삶에서 떠나 몸과 마음괴 생각이 부처님과 같이 정결(淨潔)하게 되게 도와주소서! 이렇게 부처님의 가피(加被)로 성불하여 부처가 되면 주변에 무명으로 인해 병들어 죽어가는 수많은 중생들을 제도(濟度)할 수 있는 담대한 마음을 주소서.

그리고 부처님의 맑고 깨끗한 마음을 가지고 무

명의 중생들을 제도(濟度)하여 부처님의 뜻을 이룬 자는 부처님의 몸과 하나가 되게 해 주소서. 이렇게 맑고 깨끗한 금강석(金剛石)과 같은 부처님의 말씀을 깨달아서 부처님의 몸과 같이 정결(淨潔)하고 진실하게 된 자는 부처님과 같이 진리의 몸(법신)이 되게 하여 주소서.

이상이 부처님께서 불정존승다라니에 대하여 말씀하신 진정한 뜻이며 또한 부처님께서 불자들에게 이렇게 기도하라고 가르쳐 주신 기원문입니다.

부처님은 불자들에게 이상과 같은 기원(祈願)문을 가르쳐 주신 후 불자가 부처님의 청정(淸靜)한 마음을 가지고 진리를 깨달아 무명의 중생들을 제도(濟度)하여 부처님의 몸과 같이 법신(法身)으로 만든 자는 가는 길이 모두 청정(淸淨)하게 되고 여래의 평등한 자성(自性)으로 변화되어 여래의 성품

(性品)을 갖게 된다고 말씀하고 있습니다. 그리고 부처님의 성품을 가진 자는 부처님의 가피(加被)로 진리를 모두 깨달아 무상정등정각(無上正等正覺)을 이루게 되고 또한 완전한 부처님의 지혜를 성취하여 여래(如來)의 마음과 하나가 되어 모두 열반(涅槃)에 이르게 된다고 말씀하신 것입니다.

이상의 말씀이 부처님께서 천제석(天帝釋)에게 말씀하신 불정존승(佛頂尊勝)다라니에 대한 진정한 뜻입니다. 즉 불정존승(佛頂尊勝)다라니에 기록된 내용은 일종의 기원문(祈願文)으로 무명(無明)의 중생이 부처님께 귀의(歸依)하여 정결한 마음으로 열심히 정진하여 성불(成佛)하여 부처가 되라고 가르쳐 주신 것입니다. 왜냐하면 부처님께서 말씀하신 반야심경(般若心經), 금강경(金剛經), 법화경(法華經), 화엄경(華嚴經) 그리고 팔만대장경(八萬大藏經)에 기록된 말씀이 모두 성불(成佛)하여 부처가 되라는 뜻이며 또한 불자들이 성불(成佛)하여 부처가 되려면 사성제(四聖諦)와 팔정도(八正道) 그리고 육바라밀(六波羅蜜)의 과정을 통한 수행(修行)과 정진(精進)을 열심히 행해야 진리를 깨달아 성불(成佛)하여 부처가 된다고 말씀하고 있기 때문입니다.

그런데 일부의 몰지각(沒知覺)한 스님들이 불자들을 미혹(迷惑)하려고 부처님의 말씀을 가감(加減)하여 불정존승(佛頂尊勝)다라니를 보거나 귓가에 스치기만 해도 모든 업장(業障)이 소멸(消滅)되고 극락(極樂)도 들어갈 수 있는 것처럼 신비(神祕)스럽고 신통력(神通力)있게 왜곡(歪曲)해 놓은 것입니다. 왜냐하면 불자들은 평범한 부처님의 말씀 보다 신비스럽고 신통력(神通力)이 있는 말씀, 그리고 모든 고통을 제거(除去)해 주고 복을 받아 행복하게 잘 살다가 극락(極樂)까지 보내 주는 말씀을 바라고 원하기 때문입니다. 그러나 불자들이 이렇게 스님들이 신비(神祕)스럽게 만들어 미혹하는 말씀을 듣거나 믿으면 오히려 더 많은 고통을 받다가 죽어서도 지옥(地獄)으로 들어가 모진 고통을 받게 된다는 사실을 알아야 합니다. 때문에 부처님께서 계율(戒律)을 통하여 "때가 아니면 먹지 말라"고 명하시는데 이 계율의 뜻은 비 진리, 즉 스님들이 불자들은 미혹하기 위해서 부처님의 말씀을 가감(加減)하여 만든 오염(汚染)된 교리나 유전(遺傳)을 받아먹지 말라는 것입니다.

그리고 부처님께서 인간들의 만사(萬事)는 인과응보(因果應報), 즉 불자들이 전생이나 현생에 무엇을 심었느냐에 따라서 복도 받고 저주도 받게 된다고 말씀하고 있다는 것입니다. 때문에 선주천자가 내생에 열악(劣惡)한 환경에 태어나 여러 가지 고통을 받게 되는 것은 현생에서 부처님의 뜻에 따라 선업(先業)은 쌓지 않고 세상의 즐거움에 취하여 동료들과 함께 놀고 먹기만 했기 때문입니다.

그러므로 오늘날 불자들은 부처님의 말씀을 올바로 직시(直視)하고 스님들이 불자들을 미혹하기 위해 부처님의 말씀을 가감(加減)하여 만들어 놓은 거짓된 말씀에서 벗어나 부처님의 뜻에 따라 올바른 신앙생활을 하여 해탈(解脫), 성불(成佛)하여 부처가 되어야 합니다. 부처님께서 불자들에게 바라고 원하시는 뜻은 부처님의 말씀에 따라 신앙생활을 올바로 하여 모두 진리를 깨달아 부처가 되는 것입니다.

만일 불자들이 지금이라도 미혹된 길에서 벗어나 부처님의 말씀에 따라 신앙생활을 올바로 하여 진리를 깨달아 부처가 된다면 부처님이 계신 열반(涅槃)의 세계로 들어가 부처님과 함께 영원히 살게 될 것입니다.

기록자는 이 글을 봉독(奉讀)하신 분들은 하루속히 거짓된 미혹의 길에서 벗어나 오류(誤謬) 없는 부처님의 말씀으로 돌아와 모두 성불(成佛)하여 부처가 되기를 바라는 마음에서 기록한 것입니다.

부처님은 지금 이 순간에도 불자들이 부처님의 올바른 가르침을 통해 올바른 정진 수행(精進 修行)을 하여 모두 성불(成佛)하여 부처가 되기를 바라며 "아제 아제 바라아제 바라승아제" 하시며 기도하고 계십니다. 모두 해탈(解脫) 성불(成佛)하시기를 기원합니다.

진리의샘터 의증서원

포교용 소책자

1. 부처님의 참선과 위빠사나

2. 석공과 부처님

3. 불정존승 다라니

4. 성불로 가는 길

5. 지옥에서 천국까지

시중에 출판된 책 (도암 저서)

1. 부처님의 참선과 위빠사나

2. 반야심경 해설서

3. 금강경 해설서

4, 법화경 해설서

5. 법구경 해설서

6. 부처님의 전생

7. 불정존승 다라니경

성철 스님이 남기고 간 유언

초판 인쇄 2025년 04월 28일
초판 발행 2025년 04월 30일
지 은 이   도암(道岩)
발 행 인   이용재
발 행 처   의증서원
            서울특별시 동대문구 고미술로 49 의증빌딩 4층
            Mobile : 010-8752-4764 / 010-6630-0434
            E-mail : gmu4321@hanmail.net
등록년월일 1996년 1월 30일
등록번호   제5-524호
ISBN 978-89-87272-58-0

정가 18,000원
국민은행 806201-04-112331 / 예금주 김정숙

· 잘못된 책은 교환해 드립니다.
· 저자와의 협의에 의해 검인 생략